Eredi

Collana diretta da Massimo Recalcati

Feltrinelli

Eredi raccoglie monografie d'autore brevi, che non forniscono una fotografia storicistica di un insegnamento, ma lo ricostruiscono a partire dal riconoscimento di un debito simbolico.

Abbiamo convocato intellettuali del nostro tempo per confrontare la genesi del loro pensiero e della loro ricerca con quella di un loro padre simbolico. Non semplicemente delle introduzioni all'opera dei propri maestri – lontani o lontanissimi nel tempo, oppure frequentati e conosciuti personalmente –, ma un modo per mettere in luce l'eredità come un resto vivo e mai del tutto esauribile.

Ogni vero erede vive nel rischio necessariamente eretico che comporta l'ereditare e questa collana si chiede ogni volta, attraverso voci molto diverse, *cosa significa essere davvero eredi di un insegnamento? Cosa ci convoca a ripensare la parola di un maestro? Cosa è in essa ancora vivente?*

M.R.

Massimo Recalcati

Jacques Lacan

Ereditare il reale?

Prima edizione in "Eredi" ottobre 2023

Stampa Grafica Veneta S.p.A. di Trebaseleghe - PD

ISBN 978-88-07-22732-5

FSC
www.fsc.org
MISTO
Carta
da fonti gestite in
maniera responsabile
FSC® C021883

GRAFICA VENETA
CARBON NEUTRAL

Questo libro è stampato da Grafica Veneta S.p.A.
con un processo di stampa e rilegatura certificato 100% carbon neutral
in accordo con PAS 2060 BSI

Jacques Lacan

A mio padre,
Enrico Recalcati,
floricoltore. In memoriam.

“Quale gioia troviamo noi in ciò che costituisce il nostro lavoro?”

J. Lacan, *Allocuzione sulle psicosi infantili*

Introduzione

La presenza di Jacques Lacan nel dibattito culturale, filosofico e psicoanalitico italiano è stata ormai da diversi anni pienamente sdoganata. La sua opera viene oggi letta e studiata con rigore da molti, e non solo nell'ambito ristretto della psicoanalisi. Anche il suo pensiero clinico è stato riconosciuto nel suo valore e riesce a generare sempre più interesse. Sottrarre il testo di Lacan ai suoi farseschi imitatori e alla moda intellettuale degli anni settanta-ottanta, fatta di slogan ripetuti malamente e di pose ieratiche, per restituirlo all'ampiezza rigorosa della sua ricerca è stata un'operazione che può dirsi definitivamente compiuta. Si è trattato di un'operazione collettiva di largo respiro che ha coinvolto allievi diretti di Lacan e autorevoli psicoanalisti, Scuole di specializzazione in psicoterapia e Scuole di psicoanalisi, giovani psicoanalisti e ricercatori sconosciuti, intellettuali noti e laureati o dottorati in diverse discipline umanistiche che in questi anni si sono dedicati con grande rigore e serietà a leggere e studiare Lacan.[1]

Di fatto una nuova generazione di lettori si è imposta. Questo ha comportato che la narrazione dello psicoanalista guru, infarcita di leggendari racconti e strampalati aneddoti biografici, lasciasse via via il passo alla straordinaria ricchezza della sua opera, che non investe solo i concetti e la pratica della psicoanalisi ma eredita in modo originale i grandi temi del Novecento: il problema del soggetto, la struttura del linguaggio, il rapporto tra differenza e ripetizione, libertà e destino, corpo e parola, dispositivi di assoggettamento e processi di soggettivazione, funzione del significante e marchi della lettera, desiderio e godimento. In questo nuovo orizzonte, più che la necessità – ormai ampiamente riconosciuta – dello studio rinnovato e sistematico dell'opera di Lacan, è divenuto sempre più cruciale il conflitto tra le sue possibili interpretazioni.

Per ragioni di spazio, in estrema sintesi, è possibile distinguere almeno due grandi chiavi di lettura del testo lacaniano divenute nel tempo prevalenti. Nella prima viene dato un forte rilievo al suo "ritorno a Freud" e a come egli abbia rinnovato, grazie a questo ritorno, i concetti fondamentali della psicoanalisi: l'idea dell'inconscio strutturato come un linguaggio, la prevalenza del registro Simbolico su quelli dell'Immaginario e del Reale, l'incidenza della linguistica strutturalista, il soggetto come "mancanza a essere", il desiderio come desiderio dell'Altro, la centralità della Legge della castrazione e del Nome del padre nel processo di soggettivazione, la nozione di struttura applicata alla clinica e alla diagnosi differenziale di nevrosi e psicosi.

Nella seconda viene invece dato – a partire dallo strappo epistemico inaugurato dal *Seminario VII*[2] –

maggior peso al registro del Reale su quelli del Simbolico e dell'Immaginario, al regime del godimento "senza legge" dell'Uno su quello del desiderio come desiderio dell'Altro, al carattere asemantico della lettera sulla funzione rappresentativa del significante, al corpo pulsionale pensato come "sostanza godente" sul soggetto diviso della "mancanza a essere", alla dimensione alluvionale de "lalingua" sull'idea dell'inconscio strutturato come un linguaggio.

Tra queste due letture non sembrano esserci varchi, punti di passaggio, articolazioni possibili, quanto piuttosto una radicale discontinuità che i più recenti e autorevoli lettori di Lacan, soprattutto francesi, esasperano teoricamente mettendo in luce l'esistenza di fatto di "due Lacan" tra loro inconciliabili: quello del desiderio contro quello del godimento, quello del primato dell'Altro contro quello del primato dell'Uno, quello della centralità del Simbolico contro quello della centralità del Reale, quello del significante contro quello della lettera. Mentre il lacanismo più classico ha valorizzato la prima chiave di lettura, il neo-lacanismo contemporaneo tende a valorizzare a senso unico la seconda.

In tale contesto, questo libro pretende di muoversi in un'altra direzione, che ritengo più "ereticamente" fedele alla lezione di Lacan. Esso assume dal neo-lacanismo l'idea che il registro del Reale e la sua più radicale inaggirabilità siano la vera eredità di Lacan, ma considera, nello stesso tempo, che questa eredità non riguardi solo l'ultima fase del suo pensiero, ma sia una vera e propria costante già presente sin dai primi tempi del suo insegnamento. Per questa ragione la contrapposizione fra un primo e un secondo Lacan viene smussata in favore di un solo Lacan alle prese con le contraddizioni e le aporie che ogni pensiero che vuole essere rigoroso comporta. Non si tratta dunque di pensare, per esempio, come l'accesso al concetto di godimento renda antiquate le riflessioni sul soggetto come "mancanza a essere" e sul desiderio come desiderio dell'Altro, quanto piuttosto come la presenza di questi due regimi – quello del desiderio e quello del godimento – imponga il problema di una loro necessaria articolazione.

Al centro di questo mio lavoro c'è, dunque, un Lacan preso nella sua complessità labirintica e non spezzato in due. A fare da punto pivot è il registro del reale. Di tale registro vengono messe in evidenza tre facce fondamentali: quella dell'eccesso ingovernabile – del reale pulsionale –, quella della non esistenza – non esiste metalinguaggio, non esiste Altro dell'Altro, non esiste il rapporto sessuale – e, infine, quella della contingenza dell'incontro nel suo rapporto topologico con la necessità e l'impossibile. L'idea iniziale di Lacan di un assoggettamento originario del soggetto alla presa della struttura si arricchisce nel tempo grazie a un pensiero della contingenza come possibilità storica di ripresa e, dunque, di risignificazione singolare di quello stesso assoggettamento. Il movimento di fondo del suo pensiero si sviluppa, infatti, come una riscrittura originale del processo di soggettivazione. È questo il reale come incontro contingente e come avvenimento inaudito che torce in modo singolare il marchio traumatico da cui scaturisce la ripetizione. È il grande tema, presente sin dall'inizio del suo magistero, della storicità dell'inconscio.

La mia opzione di fondo nella lettura di Lacan comporta, dunque, una critica anti-scolastica. Se la scolastica più classica tende a misconoscere la centralità insuperabile del registro del Reale in favore del primato del Simbolico (oggi questa scolastica è paradossalmente più presente nell'IPA che non nelle comunità lacaniane) e se quella neo-lacaniana (oggi totalmente maggioritaria all'interno del mondo lacaniano) tende, all'inverso, a privilegiare a senso unico il Reale contro il Simbolico irrigidendo le differenze tra un primo e un secondo Lacan e finendo per sponsorizzare il godimento Uno della pulsione contro il soggetto diviso del desiderio, questo libro prova invece a interrogare il punto critico di annodamento di queste antitesi.

In fondo è quell'operazione che in ogni analisi viene perseguita dal soggetto analizzante: come barcamenarsi nel tentativo di non irrigidire la disgiunzione tra desiderio e godimento, tra l'Altro e l'Uno, provando a generare una loro conversione reciproca. Nell'esperienza dell'analisi si tratta, infatti, di emancipare il soggetto sia da una religione del desiderio che gode masochisticamente della mancanza (è questa una definizione possibile della nevrosi), sia dalla dimensione autistica di un godimento che non riconosce la contingenza dell'incontro d'amore (è questa una definizione possibile della perversione). Se si vuole, è questa la vera posta in gioco di questo libro. Possiamo, infatti, ricavare da Lacan due diverse visioni del reale come impossibile che sono, in verità, come cerco di spiegare, due facce della stessa medaglia: l'impossibilità di fare e di essere Uno con l'Altro e l'impossibilità di sottrarre l'Uno alla presenza dell'Altro; l'impossibilità di scrivere il rapporto e l'impossibilità di sottrarsi al rapporto.

Il fatto che abbia dedicato l'ultimo capitolo al problema del controtransfert nella pratica della psicoanalisi riflette l'ispirazione di fondo del mio lavoro. Si tratta, anche in questo caso, di mostrare come la critica al concetto di controtransfert – caposaldo dell'insegnamento di Lacan trasformato dalla scolastica lacaniana in un ripudio dogmatico di questo concetto – possa in realtà contenere diversi spunti per provare a ripensare l'utilità del controtransfert nella cura analitica. Si tratta, ancora una volta, di ereditare lo spirito che ha animato il lavoro di Lacan: non procedere mai per verità acquisite una volta per tutte, ma rinnovarle ogni volta al fuoco dell'esperienza analitica.

Noli, luglio 2023

1.
Storicizzazione e trauma

> "Solo questo taglio della catena significante verifica la struttura del soggetto come discontinuità nel reale. Se la linguistica propone che si veda nel significante il determinante del significato, l'analisi rivela la verità di questo rapporto con il fare dei buchi del senso i determinanti del suo discorso."
>
> J. Lacan, *Sovversione del soggetto*

La storia non è il passato

Nel suo "ritorno a Freud", promosso negli anni cinquanta del secolo scorso, Lacan ha utilizzato la linguistica strutturalista di Saussure per ridefinire il soggetto dell'inconscio. Diversamente da ogni sua versione irrazionalista che lo rappresenta come il ricettacolo caotico delle pulsioni, l'inconscio freudiano appare agli occhi dello psicoanalista francese, secondo una formula divenuta celebre, "strutturato come un linguaggio". In questo modo egli intendeva valorizzare il taglio epistemologico prodotto da Freud nelle scienze cosiddette umane e la sua conseguenza principale: sottrarre la nozione di inconscio a un paradigma romantico che lo identificava con un'oscurità passionale.

Meno noto è che, nel suo "ritorno a Freud", Lacan convochi come suo interlocutore privilegiato anche la disciplina storica. È il richiamo alla storia – non a caso presente con particolare forza nel testo-manifesto di questo ritorno: *Funzione e campo della parola e del linguaggio in psicoanalisi*[1] – che gli consente di emancipare la nozione di inconscio da ogni rappresentazione romantica e, al tempo stesso, di ribadire la sua eccentricità anche nei confronti di ogni sua versione scientista. Nella psicoanalisi post-freudiana si era infatti diffusa l'idea che il soggetto dispiegasse il proprio essere in una sorta di cammino evolutivo scandito da passaggi stadiali necessari. Di qui la centralità del richiamo lacaniano alla storicità del soggetto che intendeva contrastare questo paradigma, il quale trovava nella "mitologia della maturazione istintuale" la sua piena realizzazione.[2]

Il ricorso alla storia serve a Lacan in prima battuta per ribadire che l'inconscio freudiano non ha affatto uno statuto naturalistico, né definisce una potenza destinata ad attualizzarsi seguendo un cammino teleologico, perché la sua struttura non può essere disgiunta dalla sua storicità intrinseca. È questa una delle tesi più forti presenti nel testo-manifesto del 1953: non solo l'inconscio è strutturato come un linguaggio, ma l'inconscio è profondamente storico, coincide, cioè, pienamente con la storia del soggetto.

Il riferimento alla storia non appare, dunque, come un'aggiunta secondaria al riferimento primario alla linguistica strutturalista, bensì si rivela cruciale poiché è proprio grazie a questo riferimento che Lacan può contrapporsi con convinzione alle tendenze egemoni del post-freudismo che volevano ridurre il soggetto dell'inconscio all'istintualità naturale di un organismo subordinato alle leggi della natura. Di queste tendenze il filosofo Louis Althusser aveva dato un ritratto significativo riferendosi all'immagine del soggetto-seme.[3] Lo sviluppo del soggetto verrebbe concepito dalla psicoanalisi post-freudiana come una maturazione progressiva – un processo teleologico-stadiale – che avrebbe come suo fine la piena attualizzazione di una potenzialità pre-determinata. L'aristotelismo ingenuo che caratterizza filosoficamente questa rappresentazione della soggettività umana vorrebbe così escludere l'incidenza della storia nella costituzione del soggetto. Di qui la scelta controcorrente di Lacan di convocare proprio la storia come disciplina alternativa al naturalismo che ispira la mitologia evoluzionista della maturazione stadiale.

Ma quale storia? Lacan rigetta la storia pensata come escatologia, come processo universale; rigetta, in altri termini, l'idea di una storia a sua volta istituita su delle leggi universali. I riferimenti critici espliciti sono a Marx e a Comte. La storia che interessa a Lacan non è quella delle leggi inesorabili, intese positivisticamente, che pretenderebbero di orientare in modo impersonale i processi collettivi. Non si può leggere la storia nello stesso modo con cui si può leggere la Natura. Questo era il sogno di Engels e della sua versione positivistica del materialismo storico. Più che dalle leggi storiche, Lacan appare attratto dagli eventi che fanno la storia, che introducono nel dispiegamento necessario delle sue leggi un punto di effrazione, una tensione irrisolta, una discontinuità traumatica. Per questo egli definisce sia la psicoanalisi sia la storia come delle "scienze del particolare" che rigettano ogni versione escatologica dello sviluppo individuale e collettivo.[4] Nella storia non sono, infatti, in gioco delle finalità ultime, né delle leggi universali – come quelle che ispirano la teleologia della maturazione –, ma solo degli eventi, la sorpresa, la contingenza, la Grazia extranaturale degli eventi.[5]

Ma quali eventi? E qual è la differenza tra un evento e un fatto? La storia è costituita di eventi o di fatti? In gioco non è tanto la semplice attività di rimemorazione o l'identificazione freudiana dell'inconscio con il rimosso infantile – l'inconscio come insieme stratificato di tracce mnestiche, come sistema di segni –, ma come un evento storico si possa situare al di là di ogni possibile determinismo. Questo significa innanzitutto sostenere che la storia non può coincidere semplicemente con il passato:

> La storia non è il passato. La storia è il passato solo nella misura in cui questo è storicizzato nel presente – storicizzato nel presente perché è stato vissuto nel passato. Il cammino della restituzione della storia del soggetto prende la forma di una ricerca della restituzione del passato. Tale restituzione è da considerare l'obiettivo a cui mirano le vie della tecnica.[6]

Questa dichiarazione è precisa e non lascia dubbi: la tecnica della psicoanalisi, come quella della disciplina storica, non ha come oggetto il passato in quanto tale, ma la sua "restituzione", che non può che avvenire, come vedremo fra poco, attraverso un processo retroattivo di *costruzione*, nel tempo logico dell'*après coup*. Né la storia né la psicoanalisi possono ridursi a essere delle ruminazioni "obese" o "insonni" del passato, per riprendere i sintomi cardinali della diagnosi della malattia storica che Nietzsche delinea nella Seconda delle sue *Considerazioni inattuali*.[7] La storiografia che dimentica la dimensione critica del proprio lavoro, come ricorda il filosofo tedesco, non serve alla vita ma obbliga la vita a essere al servizio del suo sapere. È una forma estrema di alienazione. Non è la storia che diviene utile alla vita, ma è la vita a essere utilizzata dalla storia. Lo stesso accade alla psicoanalisi quando enfatizza il passato come causa efficiente che determina univocamente la vita del soggetto. In gioco è qui la concezione freudiana dell'inconscio. Quello che si scrive alle spalle del soggetto, essendo stato cancellato dalla censura della coscienza perché giudicato incompatibile con il regime narcisistico dell'Io, determina, nel suo ritorno spettrale, l'avvenire.

Non a caso nella clinica dell'isteria l'amnesia è il timbro della rimozione: il rimosso non viene ricordato, sfugge alla memoria dell'Io e, di conseguenza, ritornando nella forma dei sintomi isterici, placca il soggetto costringendolo a restare vincolato al passato. Il testo del soggetto assomiglia allora, per evocare una nota analogia di Freud, a un articolo di un giornale politico che ha dovuto subire il trattamento della censura: frasi e parole cancellate, proposizioni che l'autore ha distorto per non rendere immediatamente intelligibile il loro significato provando in questo modo ad aggirare l'azione censoria:

> Prendete in mano un qualsiasi giornale politico e troverete che di tanto in tanto il testo è stato tralasciato e al suo posto spicca il candore della carta. Si tratta, come sapete, dell'opera della censura sulla stampa. In questi punti rimasti vuoti vi era qualcosa che era sgradito alle alte autorità censorie e che perciò è stato eliminato. "Peccato," pensate, "sarà stato certo il punto più interessante, il pezzo migliore." Altre volte la censura non è intervenuta su una proposizione compiuta. L'autore ha previsto in quali punti ci si dovesse aspettare una contestazione e li ha quindi preventivamente mitigati, leggermente modificati, oppure si è accontentato di approssimazioni e allusioni... Il foglio non ha allora alcun punto vuoto, tuttavia potrete indovinare da certe circonlocuzioni e oscurità di espressione il riguardo preventivo usato verso la censura.[8]

Se si segue questa versione freudiana dell'inconscio come interamente costituito dal passato rimosso, il lavoro dell'analisi non può che rivelarsi come un lavoro storico-esegetico che punta a ritrovare il testo originario al di sotto della superficie del testo che ha dovuto subire l'azione della censura. Non a caso per Freud il modello epistemico della psicoanalisi si troverebbe nell'archeologia. Eppure, diversamente dal lavoro dell'archeologo, obbligato a trattare solo con i resti sopravvissuti all'azione corrosiva del tempo, quello dell'analista dovrebbe realizzare un'integrazione attiva delle tracce sepolte in modo tale da ricostruire idealmente il passato in una forma compiuta. Il presupposto di questa versione dell'analisi è che nell'inconscio tutto si sia conservato e, dunque, *tutto* possa essere nuovamente riordinato. La traccia nasconderebbe – come accade, per esempio, nel cosiddetto "ricordo di copertura" – l'essenziale che si tratterebbe invece di ritrovare. Sicché per Freud l'essenziale non è la traccia in quanto tale, ma ciò a cui la traccia rinvia. Il suo presupposto sembra rimanere indiziario. Sarebbe questo, in definitiva, il vero discrimine tra il lavoro archeologico e quello analitico. Diversamente dall'archeologia, dove il tempo ha per lo più dissolto quello che è stato – il passato originario –, per la psicoanalisi "tutto l'essenziale" resta "preservato" nell'inconscio.[9] Per questo Freud ribadisce che l'oggetto psichico è dotato di una plasticità sconosciuta all'oggetto archeologico.[10] Si tratta esattamente di quella plasticità che consentirebbe all'analista di recuperare il passato originario del paziente togliendo la barriera della rimozione.

Storicizzare il passato

Secondo Lacan storia e psicoanalisi individuano nello studio del passato il loro comune oggetto specifico di interesse. Ma, diversamente dall'archeologia freudiana, sia nella storia sia nella psicoanalisi il ritrovamento del passato non implica un movimento regressivo di ritorno a ciò che si è già scritto, quanto una ricostruzione inedita, una traduzione singolare che supplisce all'impossibilità di recupero dell'originario, insomma una trascrizione retroattiva e plurima del passato. Non è questo, del resto, un pensiero estraneo allo stesso Freud. Si pensi, a titolo esemplificativo, alla distinzione tra "verità storica" e "verità dei fatti" teorizzata nel suo *Mosè e il monoteismo*. In questo senso, ribadisce Lacan, la storia non si fonda sui suoi resti inossidabili (ricordi, traumi, ripetizioni), ma sul potere generativo della parola. È una sua tesi di fondo: non c'è storia senza parola, poiché è la parola a essere il "fondamento" della storia del soggetto.[11] Senza parola, infatti, non c'è storia, ma Natura, evoluzione biologica e istintuale della vita. L'esperienza della storia passa necessariamente attraverso l'esperienza simbolica della parola. È solo il lavoro della parola che può ordinare il tempo in una trama storica stabilendo nessi, interpunzioni, relazioni causali, diramazioni, genealogie. In questo senso il lavoro dello storico è – come quello psicoanalitico – un lavoro analizzante.

Per la dottrina psicoanalitica negli anni cinquanta, la cancellazione del nesso tra il soggetto dell'inconscio e il soggetto storico significava avallare la riduzione della pulsione all'istinto, la soggettivazione alla maturazione stadiale, il tempo storico al tempo evolutivo. Di contro, secondo Lacan, la "realizzazione psicoanalitica del soggetto"[12] può configurarsi solo come la realizzazione della sua storia, che nulla ha a che fare con la maturazione dei suoi istinti. Ma anche lo stesso causalismo deterministico che troviamo in certe visioni della storia, e che fa dipendere la vita presente da spiegazioni attinte nel passato, tende a reificare il passato come causa efficiente, dimenticando che il senso del passato non è mai dato una volta per tutte ma viene ricostruito molteplici volte a posteriori, nel tempo retroattivo dell'*après coup*. Sicché non è il "prima" che determina il "dopo", ma, viceversa, è il "dopo" che significa in modo sempre inedito e imprevedibile il "prima". È quello che, per esempio, per fare riferimento all'innovazione tecnica delle cosiddette sedute a tempo variabile praticata da Lacan, si rivela con il taglio della seduta, capace di generare una significazione inattesa che precipita il tempo in un momento conclusivo di elaborazione.[13] Siamo qui al centro dell'idea lacaniana della costituzione retroattiva del senso che, come tale, invalida ogni postulato deterministico in quanto la possibilità della significazione *après coup* esclude un principio di causalità lineare dove, appunto, il "prima" diviene causa efficiente del "dopo".

Si tratta di un presupposto che Lacan ritrova già attivo nel lavoro dello storico. È quello che giustifica la grande considerazione che egli attribuisce in questo periodo alla disciplina della storia. Gli storici, infatti, conoscono bene il presupposto della costituzione retroattiva del senso. Lo dichiara apertamente uno psicoanalista come Pontalis, che fu allievo di Lacan, in una bella intervista rilasciata a Sergio Benvenuto. Gli storici praticano da sempre quello che gli psicoanalisti teorizzano come costituzione retroattiva del senso: è solo lo sviluppo successivo dei fatti, sottolinea Pontalis, che ha potuto tradurre la presa della Bastiglia in un evento epocale e non in una sommossa qualunque. È il "dopo" che, anche in questo caso, genera il "prima" e non viceversa.[14]

Ma esiste un ulteriore punto di convergenza tra il lavoro psicoanalitico e quello storico. Come abbiamo visto, per il Lacan di *Funzione e campo* la disciplina storica si occupa del particolare e non di leggi universali. L'*inconscio è storico* nel senso che coincide con la storia singolare del soggetto. Più di preciso, la storia è costituita dalla dialettica tra rimozione e ritorno del rimosso, tra la scissione della soggettività operata dalla rimozione e il ritorno di ciò che è stato rimosso che attende di essere riconosciuto. Il riferimento è qui ancora all'analogia di Freud dell'inconscio come testo censurato. Il processo della rimozione apre dei buchi nel testo storico del soggetto, mentre il lavoro dell'analisi, che è un lavoro di anti-rimozione, è teso a ristabilire esegeticamente la continuità di quel testo ripristinandone l'originale. Con l'aggiunta decisiva, sottolineata da Lacan, che il senso della storia del soggetto non si è già costituito, non risiede nel passato, ma viene ristabilito solo dal lavoro di rielaborazione e di costruzione dell'analisi che avviene sotto transfert, nell'attualità della relazione analitica.[15] La storicizzazione del passato in atto nel lavoro analitico non punta a recuperare un originale che non esiste, ma nel significare la sua esistenza in modi inattesi. Lacan utilizza l'espressione "storicizzazione" per definire la particolarità del lavoro del soggetto impegnato in un'analisi. Esso consiste nell'integrazione del rimosso, ovvero, come Lacan stesso si esprime, nell'assunzione singolare della propria storia.[16]

Non a caso, più avanti negli anni, egli ritornerà sull'importanza riconosciuta al lavoro storico giocando con i termini di "storia" (*histoire*) e "isteria" (*hystérie*) proponendo la loro sintesi nel neologismo *hystoire* ("istoria"), per evidenziare il nesso che lega la dialettica isterica rimozione-ritorno del rimosso con quella storica.[17] Non è stata forse questa la prima mossa di Freud? Trasformare il corpo-teatro dell'isteria in un corpo storico? Concepire l'analisi come lavoro di recupero storico del testo del soggetto?

Il problema che Lacan affronta è quello della configurazione del passato alla luce del processo di storicizzazione. Si tratta di un problema destinato a restare cruciale nell'arco di tutto il suo insegnamento. In gioco è lo statuto stesso del soggetto in rapporto al tempo. Quanta libertà e quanta costrizione si devono riconoscere alla sua esistenza? Come, in altri termini, un soggetto può assumere ciò che lo determina? Come può trattare la ripetizione del passato traumatico che sfugge al suo governo? È la domanda che Lacan pone al centro del suo ritorno a Freud: cosa accade al passato del soggetto alla luce della sua ricostruzione storica?

La svolta è decisiva e distanzia profondamente Lacan dalla psicoanalisi post-freudiana bloccata in una concezione evolutivistica del soggetto. Se il passato riceve il suo senso solo *après coup*, esso non può più essere concepito come un deposito inerte, una sorta di "in sé" che giace passivamente e remotamente al di qua del tempo presente. L'essenziale, dunque, non sarà la sua rimemorazione, ma come il suo senso sarà ricostruito attivamente dal soggetto. È un punto decisivo: "Non si tratta tanto," afferma Lacan, "di ricordarsi, ma di *riscrivere la storia*".[18] I fatti del passato non possono che essere riletti alla luce dell'avvenire. È questo che ispira il lavoro dell'analizzante. Non si tratta di uno scavo archeologico, ma di una nuova illuminazione. È questa la temporalità al "futuro anteriore" che Lacan riprende dall'Heidegger di *Essere e tempo* e dal Sartre de *L'essere e il nulla*: è solo quello che sarà nell'avvenire a definire quello che sono stato nel passato, "a riordinare le contingenze passate dando loro il senso delle necessità future".[19]

Da questo punto di vista, quella che Lacan nomina in *Funzione e campo* come "storicizzazione primaria" può essere considerata omologa alla rimozione originaria di Freud, poiché impone che sia escluso un accesso diretto al passato inteso come tempo dell'origine, in quanto il solo accesso possibile è quello che risulta mediato dall'attualità del significante. Ne consegue che non possono esistere, alla luce simbolica della storicizzazione, fatti in sé, bruti, cosificati, ma solo eventi che si costituiscono come esito di un processo di risignificazione attraverso il quale, appunto, come scrive Lacan, "l'evento si umanizza".[20] È questa, infatti, una delle definizioni più precise che Lacan offre del processo di storicizzazione. La dimensione della storicità non coincide con il puro vissuto, ma con la sua lettura retroattiva. L'esperienza simbolica del senso e della verità prevale così su quella naturalistica della mera fattualità cronologica. La parola dell'analizzante è, in questa prospettiva, sempre uno sforzo singolare di rivelazione della verità, uno sforzo di poesia. Non si tratta, infatti, solo di ricordare la propria storia, ma di farla emergere attraverso una parola inedita. Per Lacan è questo un tema che si propone in ogni seduta: far emergere una parola nuova significa far emergere una nuova storia. Questo significa, per usare le parole di Nietzsche, "darsi a posteriori il proprio passato".[21]

Lacan definisce il processo di soggettivazione – in questo momento del suo insegnamento collocato sotto l'insegna del "ritorno a Freud" – come un processo di storicizzazione che consiste, come abbiamo appena visto, nella riscrittura del testo storico del soggetto in controtendenza rispetto all'azione censoria della rimozione. Non si tratta di una mera restaurazione del passato poiché

> l'accento cade più sull'aspetto della ricostruzione che non su quello della reviviscenza... Nei testi di Freud troviamo indicato nel modo più categorico che il rivissuto esatto – ovvero che il soggetto si ricordi di qualcosa come veramente capitato a lui – non è l'essenziale. L'essenziale è la ricostruzione.[22]

È solo grazie alla ripresa singolare promossa dalla rilettura *après coup* di ciò che è già stato che il passato si può costituire nel suo senso storico. Per questa ragione già in Freud la costruzione della storia non coincide affatto con la riproduzione del passato. Per questo, come afferma Lacan, "nell'anamnesi psicoanalitica non si tratta di realtà, ma di verità".[23] La funzione della parola cosiddetta "piena" è proprio quella che, seguendo la logica del futuro anteriore, storicizza il tempo, riordinando, come abbiamo visto, "le contingenze passate dando loro il senso delle necessità future".[24] È questa la libertà – "quella poca libertà," scrive Lacan – con la quale il soggetto riprende le contingenze della sua vita facendone il proprio destino. Se l'inconscio è "il capitolo censurato" – rimosso –, dunque non a disposizione del soggetto, non si tratta di pretendere di ristabilirne il significato originario, ma di riscriverlo in modo inedito. Si tratta propriamente di un'esegesi storica. Il riferimento agli stadi dello sviluppo istintuale lascia così il posto alla ricerca degli "eventi peculiari della storia di un soggetto".[25] È una sorta di circolo ermeneutico che collega indissolubilmente storia e storicizzazione: anche l'evento più traumatico – per esempio quello del maggio del 1968 – deve essere riletto in una storicizzazione che ne può restituire il carattere evenemenziale oppure estinguerlo. È solo la soggettività dello storico a decidere questa opzione. È solo la rianimazione a posteriori del suo senso che farà esistere o meno il Maggio del '68 come un evento o come un fatto insignificante. Questo circolo è, appunto, quello che Lacan denomina "storicizzazione primaria", la quale implica, a sua volta, storicizzazioni plurime secondarie. Per questo la psicoanalisi è sempre una teoria della decifrazione del soggetto dell'inconscio e non una "teoria degli istinti, o delle pulsioni"[26] e per questo la pulsione stessa appare integralmente sotto il segno "dell'avvento significante",[27] il quale trasfigura "ogni fissazione a un preteso stadio istintuale... una stimmata storica":

> Ciò che insegniamo al soggetto a riconoscere come il suo inconscio, è la sua storia – lo aiutiamo cioè a completare la storicizzazione attuale dei fatti che hanno determinato già nella sua esistenza un certo numero di "svolte" storiche.[28]

Il passato reale

Portare a compimento la storicizzazione del soggetto sembra, dunque, definire il lavoro esegetico dell'analizzante. È una definizione possibile dell'esperienza analitica. Ma per lo stesso Lacan di *Funzione e campo*, sostenitore indefesso, come abbiamo appena visto, del carattere storico dell'inconscio, esiste un limite dell'attività simbolica della storicizzazione. È questo il modo con il quale egli interpreta, per esempio, la pulsione di morte (*Todestrieb*) di Freud. È l'esperienza clinica a segnalarlo: la rimemorazione storica incontra il suo limite nel potere della ripetizione. Questo limite è il limite tracciato dalla pulsione di morte che "rappresenta il passato nella sua forma reale".[29] Quale passato? Cosa sarebbe il passato "nella sua forma reale" se, come abbiamo appena visto, la storicizzazione primaria comporta necessariamente la traduzione del passato fattuale nella verità storica di un soggetto?

Con questo riferimento al passato "*nella sua forma reale*" Lacan intende problematizzare il processo di storicizzazione. In questione non è il passato inteso come accumulo inerte di fatti la cui esistenza, come abbiamo visto, viene abolita nella storicizzazione primaria, né il "passato epico" quale si realizza nell'opera della rimemorazione e neppure il "passato storico", ovvero quello ripreso nella temporalità del futuro anteriore. "Il passato nella sua forma reale" è il "passato che si manifesta rovesciato nella ripetizione," specifica Lacan.[30] Esiste, insomma, nello stesso processo di storicizzazione, qualcosa che rende necessariamente discontinua la continuità ideale dell'esegesi storica e che, di conseguenza, rende impossibile quel "completamento" o quell'"integrazione" che restituirebbero il testo storico del soggetto nella sua compiuta originalità. Non a caso Lacan utilizzerà più avanti, negli stessi *Scritti*, segnatamente in *Sovversione del soggetto e dialettica del desiderio*, l'idea che il soggetto sia una "discontinuità nel reale"[31] in aperta opposizione alla rappresentazione del soggetto come continuità storica teorizzata in *Funzione e campo*.

In primo piano non è qui solo la trama del senso e della sua significazione retroattiva, quanto i "buchi del senso".[32] Esiste, infatti, un inassimilabile, un non-integrabile, un indigeribile, un resto, uno scarto singolare che ogni storia porta sempre con sé. A questo allude il riferimento di Lacan al passato reale. Questo significa che, nell'esercizio della parola che ordina il tempo in una sequenza storico-simbolica, qualcosa resiste all'integrazione esegetica imponendo alla storicizzazione un movimento incompiuto di continuo ritorno su se stesso e di rilancio, un andirivieni che esclude l'esistenza di una sintesi definitiva. È l'immagine della storia come ontologicamente "forata", scalfita dalla morte, come destino irrecuperabile, dimensione irriducibilmente singolare del transistorico, interna-esterna alla storia.[33]

L'ordine simbolico della storicizzazione trascina con sé i residui di un reale traumatico che non può mai essere superato in un modo definitivo, ma solo ripreso di continuo. È un tema che collega direttamente questo primo Lacan agli esiti ultimi del suo pensiero. Nel corso di un'analisi, una stessa scena che si ripete nel discorso dell'analizzante può acquisire significazioni differenti che non annullano la ripetizione ma tendono piuttosto a dislocarla incessantemente.[34] L'umanizzazione del fatto bruto in evento in cui, come abbiamo visto, consiste il processo di storicizzazione non può mai assorbire integralmente l'asperità indigeribile del passato reale. Allo stesso modo, la pulsione non può mai essere ridotta del tutto a una "stimmata storica" poiché c'è in essa qualcosa che eccede la storicizzazione e che riguarda il suo volto più traumatico, il suo essere un eccesso immanente alla vita umana che fa deragliare la pianificazione biologica dell'istinto.

Buchi, erranze e allucinazioni

Non a caso per il Lacan degli anni cinquanta è questo il valore specifico che assume lo statuto clinico dell'allucinazione. Nel fenomeno allucinatorio, infatti, qualcosa non si scrive affatto nel simbolico, ma appare inintegrabile nel movimento di ricostruzione retroattiva del testo storico del soggetto. L'attività della rimemorazione è ostacolata da qualcosa che ritorna come una sorta di "marchio d'origine" che non può mai essere pienamente simbolizzato.[35]

Nel caso dell'allucinazione psicotica una lesione – la forclusione del Nome del padre – ha bucato irreversibilmente l'ordine simbolico provocando un ritorno perpetuo nel reale di ciò che in tale ordine non si è mai potuto scrivere. Se allora la catena significante indica l'articolazione storica del soggetto, l'allucinazione come ritorno del reale delinea il punto di frattura "extratemporale"[36] di questa stessa catena. In gioco è la presenza di un reale che è stato rigettato, rifiutato, espulso dal simbolico – dalla storicizzazione – e che proprio per questo ritorna allucinatoriamente. L'allucinazione contrappone così alla trama storica del soggetto – alla concatenazione significante che rappresenta il soggetto sempre per un altro significante – un eccesso anarchico che non conosce argine. Essa, come scrive precisamente Lacan sottolineando la sua estraneità all'ordine storico del simbolico, è in sé "erratica".[37]

La psicosi, diversamente dall'isteria, rivela il carattere non storico ma traumatico dell'inconscio: il reale del trauma – del passato reale – prevale sulla verità della ricostruzione retroattiva come l'erranza dell'allucinazione prevale sull'articolazione della catena significante, la discontinuità del soggetto prevale sulla continuità storica, la frammentazione sull'integrazione. L'allucinazione non risponde infatti alla *logica dell'istoria*, alla dialettica rimozione-ritorno del rimosso. Nella schizofrenia, per esempio, il simbolico collassa direttamente nel reale, finisce per coincidere con il reale poiché in essa "tutto il simbolico," come scrive sempre Lacan, "è reale".[38] Se, dunque, il rimosso è ciò che ritorna nella storia, l'allucinazione ritorna solo nel reale, fuori dalla storia, in un tempo erratico e, paradossalmente, extratemporale.

Possiamo riconsiderare alla luce del carattere erratico dell'allucinazione la forma reale del passato che, come tale, risulta inassimilabile alla storia. In gioco è un passato che, proprio perché non si lascia mai dimenticare, insiste nel ripetersi. Sono i tre termini capitali con i quali Freud ha ordinato la tecnica della psicoanalisi: rimemorazione, ripetizione e rielaborazione. Per Freud il presupposto del lavoro analitico è che l'attività del ricordare non può mai risolversi nell'abreazione del passato rimosso. Il passato rimosso tende piuttosto, al di là della sua rimemorazione storica, alla sua messa in atto: "L'analizzato non ricorda assolutamente nulla degli elementi che ha dimenticato e rimosso, egli piuttosto li mette in atto. Egli riproduce quegli elementi non sotto forma di ricordi, ma sotto forma di azioni".[39] È questa, se si vuole, l'analogia di fondo che accosta allucinazione e ripetizione. "La malattia non va trattata come una faccenda del passato, ma come una forza che agisce nel presente," afferma risolutamente Freud.[40]

Qualcosa del passato sfugge alla rimemorazione e ritorna inconsciamente nell'attualità. Tra i bianchi del testo storico appare spettralmente la forza coercitiva della ripetizione. L'abreazione del ricordo non è sufficiente. Sarebbe necessario sostituire la memoria con la rielaborazione, ovvero con un'attività sublimatoria del pensiero. Ma è proprio quello che manca nell'allucinazione, dove il reale si afferma laddove la simbolizzazione risulta impossibile. La rimemorazione trova dunque il suo limite nella ripetizione di qualcosa che non accade nella trama ordinata della storia, ma indica un suo punto di frattura e di lacerazione interna che esigerebbe un supplemento di rielaborazione.

Infanzia e ripetizione

Si può intendere la ripetizione come lo scacco più evidente del carattere storico del tempo, come una sua cristallizzazione anti-dialettica. È l'idea che portava Freud a ritenere che in ogni nevrosi vi fosse un nucleo infantile insuperabile. È il punto sul quale ha insistito anche il Sartre biografo di Baudelaire, Genet e Flaubert: l'infanzia non è l'alba della vita, la sua fase iniziale destinata a essere superata nel processo di maturazione della vita, né può essere concepita come una causa efficiente del tempo soggettivo, ma è la necessità di tradurre incessantemente quello che è già stato, è quell'"opaca profondità", come si esprime lo stesso Sartre,[41] che ci costringe a ritornare in modi spiraliformi sul suo carattere "inassimilabile", a lavorare come in un lavoro del lutto mai compiuto sulle sue tracce. È l'infanzia come nucleo reale inassimilabile che si situa al centro di ogni attività di rimemorazione e rielaborazione. È quello che Freud accosta a suo modo nel *Mosè* attraverso la figura dell'"eredità arcaica"[42] che non coincide solo con le predisposizioni filogenetiche dell'essere umano, ma implica anche il "simbolismo linguistico",[43] la "persistenza dell'antica tradizione in un popolo",[44] l'orizzonte transindividuale del linguaggio e delle sue "tracce mnestiche". È quel passato reale che fa la sua sconcertante apparizione in *Funzione e campo* situandosi come limite della storicizzazione simbolica del tempo e che ritorna nella ripetizione come resto irriducibile della storia, l'inintegrabile, l'inassimilabile dell'attività simbolica della storicizzazione: la rimemorazione non può dunque raggiungere il passato reale, ma può soltanto isolarlo come l'impossibile da rimemorare. È lo stesso che accade nel difficile e tortuoso lavoro del lutto: il ritorno sul passato non libera il soggetto dal passato ma isola un resto, un impossibile da dimenticare, la cicatrice melanconica che accompagna ogni lavoro del lutto e che impone a questo stesso lavoro il suo carattere necessariamente incompiuto. Diversamente da quello che Freud pensava, infatti, questo lavoro non può non essere senza resti. Se è vero che la libido sequestrata dall'oggetto perduto può ritornare, grazie al lavoro del lutto, a investire se stessa su un nuovo oggetto, è vero anche che l'oblio che il lavoro della memoria raggiunge non può mai essere assoluto perché la traccia che l'oggetto perduto ha inciso nell'inconscio è destinata a lasciare la sua impronta indelebile. In questo senso l'anamnesi psicoanalitica non è solo la raccolta di ciò che nel passato è accaduto, ma anche di ciò, come si esprime Lacan, che è stato "scartato a ogni crocevia",[45] di ciò che non ha mai potuto trovare un'adeguata elaborazione simbolica. Sicché la parola del soggetto in analisi è tenuta a testimoniare non solo il valore della rimemorazione e della rielaborazione, ma quella "parte delle potenze del passato"[46] che non si sono potute iscrivere nella storia pur essendosi rivelate come suoi motori.

La crivellatura traumatica della parola

Porre il soggetto come rappresentato dalla catena significante, come il "ritorno a Freud" di Lacan sostiene, significa situarlo come un soggetto storico. Nell'analisi l'analizzante si impegna in un'attività di elaborazione soggettiva della propria storia. Questa elaborazione non è confrontata però, come abbiamo visto, solo con ciò che può essere integrato retroattivamente nel testo storico del soggetto, ma anche con quel "passato reale" che resiste al processo della storicizzazione in quanto reale inassimilabile al simbolico. Per questo la parola che fonda la storicizzazione – e che Lacan, come abbiamo visto, definisce in *Funzione e campo* come "parola piena" – non è la sola declinazione possibile della parola.

Dobbiamo sottolineare come la marchiatura del

linguaggio non sia solo storica ma anche traumatica. Essa sorge dalla necessità della struttura che precede la storia.[47] A sua volta però la storia sorge come opera di soggettivazione, dunque di ripresa delle impronte che il significante iscrive sul soggetto. Una profonda necessità si unisce qui, non in un movimento diacronico ma topologico, a una contingenza. Siamo di fronte a due termini – necessità e contingenza – che troveranno nell'ultimo Lacan, come vedremo più avanti, un notevole sviluppo. Per il momento accontentiamoci di sottolineare il fatto che il soggetto si configura come la ripresa storica continua dell'incisione contingente del marchio del significante avvenuto sullo sfondo della necessità strutturalmente traumatica del linguaggio. Sicché esistono altri destini rispetto a quello della "parola piena" intesa come parola in grado di restituire al soggetto il senso storico del suo testo. Per esempio quello della "parola-proiettile", per riprendere una metafora del Lacan più tardo.[48]

Quando la parola cessa di essere luogo di rivelazione della verità storica del soggetto e, dunque, manifestazione dello sforzo di soggettivazione singolare del trauma necessario del linguaggio e si rivela invece come un "proiettile" che colpisce traumaticamente il soggetto? Risposta di Lacan: quando essa, anziché ricostruire la continuità storica del soggetto, opera la sua "crivellatura".[49] Si tratta di un allargamento notevole della nozione di trauma che non deve essere pensato tanto come l'esito di una sospensione delle parole di fronte all'irruzione di un evento brutale che ammutolisce il soggetto, ma come qualcosa che coincide con l'azione di determinate parole sull'essere del soggetto. Parole che non appartengono più solo al regime simbolico del dialogo e della comunicazione, ma che si rivelano capaci di crivellare il soggetto o, come si esprime ancora Lacan, di "muovere le sue viscere".[50]

Necessità e contingenza

Queste parole-proiettile condividono con l'allucinazione l'erraticità e l'extratemporalità, la non articolazione alla catena storico-rappresentativa dei significanti. L'esistenza di queste parole ci impone una rivisitazione del concetto di trauma. Seguendo Lacan, possiamo infatti distinguere una formula generalizzata e una forma ristretta del trauma. La prima si dispiega come incidenza strutturale del significante sulla vita. È quella omologa alla struttura stessa del linguaggio. È l'eredità arcaica della quale ha scritto Freud nel suo *Mosè*. Questo trauma è inevitabile e inaggirabile; è una necessità che precede la storia o, se si preferisce, che accade fuori dalla storia, ma che, per un altro verso, determina l'esistenza della storia come effetto di questo stesso trauma: l'essere umano è quell'essere che viene al mondo della storia – della catena significante – attraverso il trauma del linguaggio.[51] Questo significa altresì, come Lacan indica già in *Funzione e campo*, che il soggetto, prima di essere soggetto attivo della parola, è sempre parlato dall'Altro, come si rivela drammaticamente nella clinica delle psi-

così.[52] Le parole dell'Altro appaiono, infatti, come le "parole fondatrici" dell'essere del soggetto; esse lo "avvolgono" iscrivendolo in una provenienza che comprende non solo la storia famigliare del soggetto – la sua "costellazione fatidica" secondo il Lacan di *Funzione e campo* – ma "tutta la struttura della comunità".[53]

Da questo primo traumatismo determinato dalla necessità della struttura si genera però una contingenza inedita. La necessità del trauma del linguaggio si traduce nell'incontro contingente con determinati significanti che tracciano l'essere del soggetto generandolo nella sua singolarità. È questa una definizione preziosa di inconscio che possiamo ricavare da Lacan: il soggetto si costituisce a partire dalla "contingenza che l'istanza del significante imprime nell'inconscio".[54] Sicché il "nocciolo dell'essere" del soggetto – come direbbe Freud – è sempre costituito dalle parole dell'Altro. Queste parole-impronte – le tracce mnestiche di Freud – definiscono il campo della soggettività come impossibilità di sottrarsi alla loro presa e, al tempo stesso, come possibilità sempre rinnovata di soggettivare questa impossibilità. Si tratta di parole che non valgono come promotrici del dialogo, ma come delle specie di aderenze asemantiche che parassitano il soggetto essendo costituite dal resto traumatico dell'Altro che si è impresso nel soggetto.

In primo piano è quella che Lacan definisce come la dimensione olofrastica, non metaforica, non storica, non rappresentativa della parola.[55] Il movimento simbolico della storicizzazione è così costretto a ruotare attorno a ciò che non può reintegrarsi nel testo del soggetto. Non si tratta più di colmare la lacuna della memoria secondo il principio dell'*istoria* che ha ispirato *Funzione e campo*, ma di accogliere ciò che non si può dimenticare e che ritorna nella forma dell'attualità della ripetizione.

"Ladro!"

La parola non storicizza solamente la vita del soggetto ma può anche fratturarne la storia. È il caso emblematico del piccolo Jean Genet nella ricostruzione biografica proposta da Sartre.[56] Il centro traumatico della sua infanzia viene individuato nella scena nella quale la madre adottiva, scoprendolo nell'intento di rubare qualcosa da un cassetto, lo appella bruscamente "ladro!". Si tratta per Sartre di un vero e proprio "significante irriducibile"[57] traumatico, fuori dialettica, che anziché rappresentare il soggetto per un altro significante lo "pietrifica" in un significante solo che lo condanna a essere espulso dal mondo dei "giusti".[58]

Il processo di storicizzazione di Genet avviene attorno al carattere indimenticabile e insuperabile di questo significante asemantico. Il soggetto è confrontato a una crivellatura che non può essere rammendata. Il significante – "ladro!" – è divenuto una parola-proiettile che lo congela in un'identificazione olofrastica adesiva e priva di scarti. È il carattere oracolare che può assumere il "primo detto" che "decreta, legifera, atrofizza", manifestando "l'oscura autorità" dell'Altro reale sul soggetto.[59] La storicizzazione si attiva attorno a questo "primo detto", a questo significante-marchio che paradossalmente precede l'esistenza del soggetto in quanto si presenta come un significante separato dalla catena storica dei significanti, extratemporale, asemantico, senza alcuna possibilità di integrazione con gli altri significanti. La storicizzazione del soggetto non può scansare il peso di questa prima impronta traumatica.

Come Jean Genet è potuto diventare poeta se il suo destino lo designava a essere un ladro? È l'interrogativo posto da Sartre cui non è possibile rispondere contrapponendo semplicemente il poeta al ladro come se questo secondo destino sia la redenzione liberatrice dal primo, quanto piuttosto cogliendo come il divenire poeta si realizza solo come processo di soggettivazione del suo essere stato ladro, del significante irriducibile che ha marchiato la sua esistenza. Si tratta, in realtà, di un lavoro che non ha mai un termine definitivo poiché in gioco non è più una lacuna o una censura della memoria che attende di essere completata – secondo l'immagine freudiana dell'inconscio come testo censurato –, ma qualcosa che non cessa di ritornare nella forma di una contingenza che si è costituita come una ripetizione necessaria. Lavoro destinato, dunque, a non compiersi mai del tutto, simile in questo, come ho già ricordato, a quello del lutto in rapporto al resto indissolubile della cicatrice melanconica.

Se la significazione sorge solo nel movimento della riscrittura della traccia, se il causalismo storico, rivisto da Lacan alla luce del futuro anteriore, non è mai lineare, deterministico, poiché una nuova causa si instaura come effetto della trascrizione retroattiva – è sempre la seconda traccia a dare senso alla prima e non viceversa –, è vero altresì che questo senso non annulla mai del tutto il potere causativo della prima traccia, il suo peso specifico. Per questo Sartre può definire l'infanzia come "insuperabile" o come un'"opaca profondità" o, addirittura, come il nostro "futuro". La vita di Genet non può non ritornare costantemente sul primo significante irriducibile e indimenticabile, sulla crivellatura provocata dalla parola-proiettile, sulla parola-parassita "ladro!", perché è solamente a partire da questa lacerazione inassimilabile che si origina il processo di soggettivazione e di storicizzazione. In questo senso abbiamo svelato la seconda faccia, quella "ristretta", del trauma. Trauma non è solo la necessità inaggirabile del linguaggio che apre la vita alla sua contingenza illimitata, ma è anche l'impatto con un evento contingente che disordina la vita, con una contingenza imprevista che genera una ripetizione necessaria come accade per il piccolo Jean con la parola "ladro!".

Se nel trauma del linguaggio determinato dalla struttura è la necessità a generare una contingenza, in questo caso avviene l'inverso: è la contingenza dell'impronta a determinare una ripetizione che diviene necessaria. Siamo qui al cuore di ogni processo di soggettivazione. Accadimenti particolari possono assumere il valore di tracce dolorose, di significanti primi, asemantici, traumatici che non rappresentano il soggetto nella catena storica, ma lo separano da questa catena. È il modo "demoniaco" che secondo Freud descrive la coazione a ripetere e il suo statuto necessario: *ciò che si è scritto non può non ripetersi*.[60]

Come si vede, da questo nuovo vertice, marcato dalla frattura tra storia e parola-trauma, il problema della soggettivazione non può più essere concepito come quello della ricostruzione storica della vita del soggetto, poiché, come afferma precisamente Lacan nel corso del *Seminario XVI*, "tutto quanto è storia si ordina in termini di ripetizione".[61] È quello che la clinica psicoanalitica insegna quotidianamente: un soggetto che ha vissuto un trauma si presenta come bloccato, fissato, perché la sua storia appare collassata in una ripetizione senza storia. Il tempo post-traumatico diviene un tempo fissato, un tempo che esclude la possibilità dell'evento. Nondimeno l'irruzione effrattiva che ritorna coattivamente nella ripetizione offre l'occasione per una torsione inedita della ripetizione stessa. Dunque il vincolo che la contingenza del trauma provoca non esclude la ripresa singolare di ciò che non cessa di ripetersi. Questa torsione, o questa ripresa, è un'interruzione della ripetizione che apre la possibilità che l'irruzione traumatica dia luogo a un evento nuovo, ovvero a una nuova contingenza, a una seconda contingenza rispetto a quella del "marchio dell'origine". Se, infatti, la prima contingenza è quella che si innesta nel soggetto come una necessità (impossibile per Genet non "essere" un ladro), la seconda è invece quella che trasforma questo primo innesto del significante traumatico in una possibilità inedita (è possibile per Genet *farsi*, da ladro, poeta). L'evento non coincide, dunque, con la contingenza prima del trauma, ma è determinato unicamente dalla ripresa soggettiva – in una contingenza seconda – del trauma.[62] Se nella ripetizione necessaria del passato reale viene esclusa la contingenza dell'evento, questa contingenza si può generare solo a partire dalla ripresa contingente di questo stesso trauma.

Ma cosa differenzia questa ripresa dalla trascrizione retroattiva che Lacan situa in *Funzione e campo* al centro del processo di storicizzazione? Mentre in quel testo egli esalta il lavoro esegetico come lavoro che ristabilisce la continuità del testo storico del soggetto cancellato dall'azione censoria della rimozione, seguendo invece la linea della frattura tra storia e parola introdotta dall'idea di "passato reale" e, in seguito, della crivellatura del linguaggio, il soggetto è confrontato con un inassimilabile che resiste a ogni integrazione storica. In gioco è, dunque, un'*impasse* della trascrizione, ovvero l'impossibilità di giungere al completamento del testo storico del soggetto. Allo stesso modo la cicatrice melanconica non può essere riassorbita nel lavoro di rimemorazione simbolica del lutto. Sicché il trauma, in quanto tale, resta irrappresentabile, inassimilabile, dissociato dalla catena storica dei significanti. La seconda traccia che fa esistere la prima, secondo una dislocazione retroattiva del senso, resta necessariamente polarizzata dal peso specifico della prima traccia.[63] È dunque il resto della cancellatura della prima traccia a orientare le sue successive trascrizioni. Questo resto rimane inassimilabile nell'ordine del senso poiché non è possibile cancellare la cancellatura. Sicché quello che la ripetizione del trauma rivela è, in ultima istanza, la passività del soggetto, la sua inermità fondamentale. È questa la costante che unisce i due traumatismi, quello necessario (il trauma provocato dalla struttura del linguaggio) e quello contingente (il trauma provocato dall'incisione dell'istanza significante nella memoria inconscia del soggetto).

Il soggetto del trauma non può più essere il soggetto dell'intenzionalità poiché è un soggetto deposto di ogni sovranità. Il problema non è però come padroneggiare il trauma (è la lettura insufficiente che Winnicott propone del gioco del rocchetto del piccolo Ernst),[64] ma come riprendere la sua necessità alla luce di una contingenza che diviene a sua volta necessaria, sebbene sulla scala rovesciata di una seconda contingenza. Prendiamo, per essere più chiari, un esempio semplice proposto da Lacan stesso: l'incontro contingente con uno sguardo erotico lascia una traccia nel soggetto (prima contingenza), la quale dà luogo alla dimensione del pudore come modo di rispondere a questa traccia provando a cancellarla (seconda contingenza).[65] Allo stesso modo per Genet diventare un poeta è stata la sua risposta singolare alla traccia imposta dal significante "ladro!" in una riscrittura che, però, non può prescindere da quel primo marchio. Per questa ragione Lacan può collocare al culmine del processo di soggettivazione un'inedita definizione del soggetto come "colui che rimpiazza le proprie tracce con la propria firma".[66] È, in fondo, la posta in gioco ultima di un'analisi. È il suo modo radicale di rileggere il motto freudiano "*Wo Es war, soll Ich werden*"[67]: porre la propria firma laddove si è stati la traccia impressa dall'Altro.

2.
Il reale di Lacan

> "Un'etica s'annuncia, convertita al silenzio, per la via non del terrore ma del desiderio."
>
> J. Lacan, *Nota sulla relazione di Daniel Lagache*

L'irriducibile

In questo capitolo seguiremo le diverse configurazioni che il registro del reale ha assunto nell'insegnamento di Lacan. Sin dai primi passi del suo magistero questo registro appare decisamente differenziato da quelli dell'immaginario e del simbolico. Se questi due registri si riferiscono al campo del senso, il reale è ciò che ne risulta radicalmente irriducibile. È, infatti, solo l'esistenza di questo registro a impedire alla psicoanalisi di diventare una teoria ermeneutica fra le altre: il reale costringe l'interpretazione analitica a riconoscere il carattere spigoloso e irriducibile del non senso, a verificare che, come insisterà a ripetere Lacan, "non tutto è significante". Lo abbiamo già visto nel precedente capitolo: la dimensione reale del passato obbliga il lavoro simbolico della storicizzazione a confrontarsi con il suo limite.

Se dovessimo provare a operare per ragioni didattiche una sintesi estrema del suo insegnamento intorno al registro del reale, dovremmo sottolineare come esso tende a declinarsi in due versioni distinte e, per certi versi, apparentemente contraddittorie. Nella prima il reale definisce la dimensione turbolenta e incandescente della vita, un eccesso, un "troppo" ingovernabile che tende a coincidere con l'essere pulsionale in quanto tale. Nella seconda, invece, il reale definisce un'inesistenza, un vuoto, un'impossibilità, finanche un'esperienza di abbandono assoluto e di azzeramento della vita.

Si tratta di un'oscillazione che distingue il reale lacaniano da ogni definizione filosofica del reale: incontro con l'eccesso e incontro con l'assenza. Sullo sfondo di un arretramento progressivo della figura dell'Altro. Se, infatti, l'insegnamento di Lacan, nel suo periodo più classico, come è stato fatto notare da molti autorevoli suoi lettori, ha situato il grande Altro del linguaggio e della Legge al centro del suo pensiero, è indubbio che nel suo progredire si deve constatare un indebolimento del primato simbolico dell'Altro a vantaggio di una sempre maggiore rilevanza dell'esperienza del reale come irriducibile a quel primato. Tutto ciò comporta il venire in primo piano della dimensione dell'Uno; dell'Uno del godimento pulsionale e dell'Uno dell'abbandono assoluto. Ma resta il fatto che ciò che accomuna queste due versioni del reale è il loro essere egualmente eccentriche e inassimilabili all'ordine del linguaggio sebbene scaturiscano proprio da quell'ordine. È questa un'altra prerogativa del reale lacaniano che lo differenzia da ogni possibile filosofia del reale: esso non indica una dimensione pre-linguistica dell'essere – una *chora* priva di forma, un'origine mitica che precede l'evento del significante, un'esistenza pre-categoriale che anticipa la categorizzazione concettuale –, ma un *evento che scaturisce dal linguaggio pur essendo irriducibile al linguaggio medesimo*. È questa un'assoluta particolarità del concetto lacaniano di reale: tra reale e linguaggio non sussiste un semplice rapporto di esclusione – dove c'è linguaggio non ci sarebbe reale e viceversa, dove c'è reale non vi sarebbe linguaggio – quanto, piuttosto, una sorta di *esclusione interna*: il reale come escluso dal linguaggio può essere esperito solo da un soggetto del linguaggio.

In questo senso il reale di Lacan non viene prima del linguaggio – non può essere anteriore all'Altro –, ma è generato dalla perturbazione che il linguaggio introduce nella forma umana della vita. È lo stesso che accade nell'evento dell'opera d'arte: l'incontro con il reale che tale evento rende possibile – la frattura traumatica del linguaggio – può essere esperito solo come l'esito di un'attività di linguaggio. Si pensi, per fare un solo significativo esempio, al taglio della tela di Lucio Fontana: se questo gesto introduce il reale nell'opera è perché la sua eccentricità rispetto all'impianto bidimensionale-rappresentativo del quadro definito dalla storia dell'arte non può che restare inclusa in quella stessa storia pur rivelandosi come un suo punto di esclusione interno e, come tale, inassimilabile. Allo stesso modo, è solo per un essere che abita il linguaggio che può darsi esperienza del limite del linguaggio, della sua frattura, dunque dell'irruzione del reale come ciò che scompagina il suo ordine. Esiste, dunque, un rapporto topologico tra linguaggio e reale: non c'è reale senza linguaggio e, tuttavia, il reale è ciò che mostra il limite interno del linguaggio medesimo. Per questa ragione uno dei primi nomi che Lacan assegna al reale è quello della morte come "centro esterno" al linguaggio.[1]

Le due versioni generali del reale a cui ho accennato sono accomunate dalla stessa irriducibilità nei confronti del campo dell'Altro, che per Lacan coincide, in ultima istanza, con il campo medesimo del linguaggio. Possiamo costruire il seguente schema:

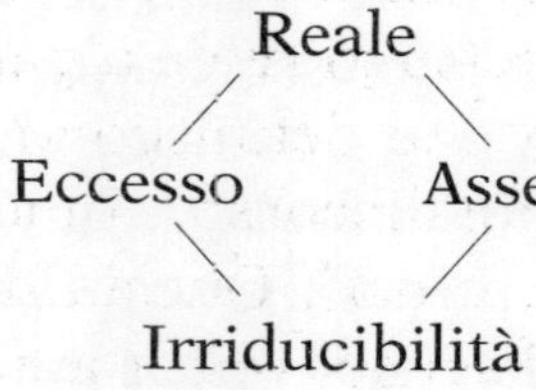

A questa prima biforcazione – quella tra eccesso e assenza – si deve aggiungere altresì che esistono *modi affermativi* e *modi oppressivi* di manifestazione del reale: situiamo l'incubo, il godimento dell'Altro nella psicosi, la dimensione maledetta della coazione a ripetere, l'al di là del principio di piacere, come espressioni esemplari del modo oppressivo di manifestazione del reale. Situiamo invece la contingenza dell'incontro, l'amore, l'Altro godimento e il desiderio dell'analista come modi affermativi di manifestazione del reale. Ma in entrambi i casi – modo oppressivo e modo affermativo – il reale si svela sempre come trauma, ovvero come incontro (*tyche*) che risulta irriducibile e inassimilabile all'ordine del senso. È quello che Lacan ricorda nel *Seminario XI*:

> La funzione della *tyche*, del reale come incontro... si è presentata inizialmente, nella storia della psicoanalisi, in una forma che basta da sola ad attirare la nostra attenzione – quella del trauma.[2]

L'escluso dal senso

Seguiremo il movimento del pensiero di Lacan attorno al concetto di reale a partire dalle sue prime elaborazioni che definiscono il reale come ciò che non entra nel discorso, come ciò che resta fuori, "escluso dal senso". Questa definizione del reale – "escluso dal senso" –, come in una sorta di grande arco teorico, unisce il reale come si presenta nel *Seminario I* al reale come viene formulato nel corso del *Seminario XXII* intitolato *RSI* e in *La terza*.[3]

Più precisamente, nella fase iniziale del suo insegnamento il reale si configura come l'astrazione di un'esistenza sottratta alla rete del linguaggio, situata al di fuori del registro della parola e delle sue leggi. Il reale sarebbe un pieno che non conosce mancanza, occuperebbe, dunque, una posizione eterogenea rispetto ai registri dell'immaginario e del simbolico. Non sarebbe intaccato né dall'immaginario né dal simbolico; non potrebbe essere ridotto a un'immagine né a un significante. Piuttosto sarebbe qualcosa che cadrebbe all'esterno di questi due registri. "Discorre da solo" e "non manca di nulla"[4] afferma Lacan, per sottolinearne il carattere monologico e non dialogico; non include l'Altro essendo, appunto, "escluso", strutturalmente separato, dal senso. In questa prospettiva, nel primo Lacan, il registro del reale pare coincidere con la legge della pura necessità. Quella che, per riprendere un suo noto esempio, delinea il movimento dei pianeti che non cessano di ritornare sempre allo stesso posto. Per questa ragione il reale è collocato al di fuori dell'esperienza analitica, la quale si sviluppa invece lungo i binari dell'immaginario e del simbolico, come immaginarizzazione dei simboli (attività produttiva dell'inconscio come, per esempio, si manifesta nei sogni) e come simbolizzazione delle immagini (attività interpretativa del lavoro analitico).[5]

Se il quadro della realtà è costituito dalle coordinate dell'immaginario e del simbolico, il reale non appartiene a questo quadro, ma, piuttosto, ne disegna kantianamente solo i limiti negativi. Il reale non entra così nel vivo dell'esperienza analitica definendone piuttosto ciò che ne esorbita i confini. È molto diverso da quando, come abbiamo appena visto, nel *Seminario XI* evoca il carattere inassimilabile del reale legandolo all'esperienza del trauma che ha contrassegnato la storia stessa della psicoanalisi e la sua pratica clinica: il lavoro dell'analisi si confronta, sin dalla sua origine freudiana, con l'impatto con ciò che si ripete e non può mai essere integralmente simbolizzato.

Il reale di Freud

Prima di seguire i diversi movimenti del pensiero di Lacan intorno al registro del reale, occorre osservare la presenza del reale, sebbene ancora categorialmente incerta, in Freud. Se si osserva anche solo dall'alto l'opera del padre della psicoanalisi, non può sfuggire che esiste già in essa una complessa geografia del reale. È innanzitutto evidente che per Freud le nozioni di reale e di realtà non sono sovrapponibili. La distinzione tra realtà e reale è a fondamento innanzitutto della teoria della libido. Con questa teoria Freud ci offre una versione dell'inconscio che non è affatto equivalente a quella presupposta ne *L'interpretazione dei sogni*. È lo stesso Lacan che lo ricorda distinguendo l'esistenza di due diversi Freud: uno che scopre il continente dell'inconscio come continente sommerso del senso – è il Freud autore de *L'interpretazione dei sogni* –, l'altro che invece interroga il carattere coercitivo della ripetizione. Mentre il primo Freud concepisce la psicoanalisi come una dottrina ermeneutica costruita intorno alla centralità dell'esperienza del senso e delle sue infinite metamorfosi, il secondo mette in risalto l'esistenza di una spinta a godere – il *Trieb*, la pulsione – che appare irriducibile al piano della significazione.[6] Se il sogno è una formazione dell'inconscio al cui cuore c'è la problematica ermeneutica del senso, nella teoria della libido e in quella dell'al di là del principio di piacere in primo piano appare il corpo pulsionale nella sua spinta erratica che genera fissazioni, ritardi, divaricazioni, sfasamenti, ripetizioni.

Freud, come ricorda Lacan nella sua disamina del concetto freudiano di *Trieb* svolta nel *Seminario VII*, concepisce la struttura della pulsione come divisa tra "plasticità" e "fissazione"[7]: mentre la plasticità rende conto del movimento evolutivo della libido attraverso gli stadi del suo sviluppo individuando nella forza della pulsione un'attività generativa di forme (sublimazione), nel concetto di fissazione pulsionale Freud mette in rilievo la natura antievolutiva della pulsione, la sua tendenza a rigettare ogni possibile plasticità per restare fissata a un godimento (pre-genitale) che la teleologia edipica dello sviluppo non può sussumere integralmente. In questa fissazione dobbiamo rintracciare un primo volto freudiano del reale. Nella fissazione libidica pre-genitale della pulsione prevale la dimensione economico-quantitativa della libido sulle contorsioni del senso che invece animano il lavoro onirico. Il reale non può dissolversi nel senso se non sospingendo la psicoanalisi verso una deriva spiritualista come è quella incarnata da Jung, poiché una quota della pulsione rifiuta la sublimazione.[8] Se, infatti, la fissazione pulsionale si dissolvesse interamente nella sua plasticità sublimatoria – il reale libidico nella dialettica simbolico-immaginaria del senso –, ricadremmo fatalmente in una deriva spiritualista. Diversamente, Freud insiste nel pensare il reale come irriducibile alla dimensione plastica del senso. Questo accade con evidenza proprio in *Al di là del principio di piacere* quando gli schemi teorici della metapsicologia vengono sparigliati dall'irruzione della categoria di pulsione di morte. La logica edonistica del principio di piacere sul quale quegli schemi erano stati edificati viene scardinata: la forza della pulsione sospinge la vita verso un godimento che si rivela antagonista al principio di piacere. È questo un modo freudiano di dire la differenza tra reale e realtà. In *Al di là del principio di piacere* il reale freudiano assume le forme di una "coazione a ripetere" animata dalla pulsione di morte che esige la ripetizione inesorabile dello Stesso, facendo prevalere la dimensione ripetitiva della forza pulsionale nei suoi ancoraggi di godimento sul principio di piacere e sull'ordine ermeneutico e metamorfico del senso.

Un altro modo freudiano di anticipare il concetto lacaniano di reale è legato alla figura del padre. Già in Freud il padre non può essere limitato alla sua rappresentazione edipico-normativa. Non appartiene solo al registro del simbolico, non può essere identificato *tout court* alla Legge della castrazione. Non è un caso che proprio nel corso del *Seminario VII*, dove si realizza la svolta lacaniana verso la centralità del registro del reale, si mostra con decisione una declinazione del padre che non può essere compresa in quella edipica, ovvero nel padre della sublimazione. Questa definizione del padre anticipava, mantenendosi nel solco della versione edipica freudiana, il principio costitutivo della metafora paterna: la Legge di cui il padre è il simbolo esige che la pulsione rinunci a godere degli oggetti famigliari sui quali essa fa cadere l'interdetto simbolico dell'incesto imponendo alla pulsione la via "lunga" della sublimazione, ovvero la sostituzione degli oggetti famigliari interdetti con altri oggetti sostitutivi. Ma come Lacan stesso fa notare nel *Seminario VII*, in *Totem e tabù* Freud non racconta solo la versione edipica del padre – il padre come simbolo della Legge che Lacan traduce come Nome del padre –, ma anche il padre dell'orda, il padre come espressione di un godimento anarchico, refrattario a ogni Legge, il "padre reale". Sicché nella stessa figura del padre, che per un verso Lacan eleva, in quanto Nome del padre, a significante della Legge dell'Altro, residuerebbe un godimento che la stessa funzione simbolica non è in grado di negativizzare integralmente. Una divisione radicale lo attraversa scindendo la dimensione del *padre-sublimazione* da quella reale del *padre-godimento*.

Nel mito freudiano dell'orda in primo piano non c'è più la Legge simbolica del padre, ma la sua violazione da parte di un padre primigenio che gode di tutte le donne e che non a caso Lacan descrive come "padre reale" in opposizione al "padre simbolico". Se quest'ultimo agisce solo in quanto significante della Legge dissolvendo la necessità della sua presenza reale, nel caso del padre dell'orda è proprio la presenza reale del padre – il suo godimento eccessivo – a precedere la Legge e a esserne l'unica forma (perversa) possibile. È lo stesso "padre reale" che ritroviamo in primo piano nella clinica delle psicosi.

Nella fantasia di un soggetto psicotico lo sperma di suo padre era al posto del sugo della carne che era costretto a mangiare. Il padre non limita in questo caso l'eccesso reale del godimento perché coincide proprio con quell'eccesso sregolato.

Non a caso, un altro punto chiave nella geografia freudiana del reale che Lacan riprenderà ed enfatizzerà nel suo insegnamento è proprio la divaricazione tra realtà e reale che Freud aveva estratto dalla clinica della psicosi. La tesi classica di Freud è che nella psicosi si verificherebbe una "perdita di realtà".[9] Il senso ordinario della realtà verrebbe meno a causa di un'eccessiva presenza del reale pulsionale. È quello che egli nomina espressamente come "strapotere dell'Es", che obbligherebbe il soggetto psicotico a rimuovere la realtà. Mentre nella nevrosi lo "strapotere" a cui il soggetto è sottomesso sarebbe quello della realtà che lo costringe a rimuovere l'istanza inconscia dell'Es – l'essere pulsionale – al fine di adattarvisi, nel caso delle psicosi, essendo lo strapotere dell'Es, è, appunto, la realtà stessa che perde di consistenza venendo allucinatoriamente o delirantemente "rimossa". In questo modo, mentre il nevrotico patisce una "rinuncia pulsionale" imposta dalla realtà in cambio di un adattamento normalizzante alla realtà medesima, il soggetto psicotico, a causa dello strapotere dell'Es, vive l'esperienza di una perdita del quadro stabilito della realtà. È il reale pulsionale che prevale sul carattere normativo della realtà. Non a caso l'essere immerso nel reale è una definizione che Lacan dà nel *Seminario I* del soggetto nella psicosi.

Se il quadro della realtà si dissolve, il soggetto non può che restare immerso nel reale, "non vive altro che il reale".[10]

Il reale dell'immaginario

Dopo aver sintetizzato la geografia freudiana del reale, veniamo all'insegnamento di Lacan. In una prima tappa significativa della sua elaborazione del registro del reale, egli estrae il reale dall'immaginario. Siamo nel primo tempo del suo insegnamento, dove l'interesse dello psicoanalista francese è assorbito dal registro dell'immaginario come ripresa del concetto freudiano di narcisismo come causalità psichica che aliena il soggetto nell'altalena di un desiderio che oscilla dall'idealizzazione erotizzante alla rivalità aggressiva. Nella scolastica lacaniana questo primo tempo è destinato a essere superato dalla dialettica simbolica del riconoscimento che, facendo perno sul Nome del padre, consente al soggetto di uscire dalla prigione ingannevole dell'immaginario. In seguito – segnatamente con il *Seminario VII* – il registro dell'immaginario tenderà invece a confondersi con quello del simbolico, dando luogo al quadro stabile della realtà che deve difendere il soggetto dall'irruzione del reale.

Ora, senza entrare nei dettagli di questa sequenza teorica, la tendenza della scolastica lacaniana è, in generale, quella di mostrare come la centralità del simbolico prima e del reale poi cancelli l'importanza attribuita al registro dell'immaginario e, di conseguenza, al carattere primario del narcisismo. L'immaginario deve lasciare il posto al peso simbolico del linguaggio e delle sue leggi e, successivamente, a quello del reale senza legge del godimento. Mentre i significanti scavano il reale e il reale, a sua volta, definisce il limite insuperabile di questo scavo, l'immaginario indicherebbe la dimensione solo aleatoria delle proiezioni narcisistiche del soggetto, la sua alienazione nelle nebbie ingannevoli dello specchio.

Il rischio di questa lettura scolastica del pensiero di Lacan consiste nel dimenticare la ricchezza del suo pensiero relativa al registro dell'immaginario. Non a caso anche l'ultimo Lacan ricorda, nella sua topologia, che l'immaginario è il contrario dell'inconsistenza, che esiste, appunto, una vera e propria "consistenza" dell'immaginario.[11] Ed è questa consistenza che ci permette di notare come una delle prime apparizioni del concetto di reale avvenga proprio attraverso il registro dell'immaginario. Sin dai suoi primi *Seminari* Lacan colloca, per esempio, nell'intersezione fra l'immaginario e il reale la passione dell'odio, ovvero quella passione umana che non beneficia della mediazione del simbolico, ma si profila come una "carriera senza limiti", una passione dell'essere inesausta che rivela già la presenza del reale del godimento come intrattabile e irriducibile al simbolico. Questa estrema consistenza dell'immaginario è una prima traccia fondamentale del reale.

Tale consistenza viene teorizzata negli anni trenta-quaranta attraverso il celebre stadio dello specchio che mostra la profonda incidenza dell'immaginario nella costituzione della soggettività umana. L'Io (*moi*) del soggetto acquista forma solo attraverso un'alienazione che proietta nella superficie dello specchio una sua immagine ideale che mentre costituisce l'identità del bambino che vi si riflette rende, nello stesso tempo, questa stessa identità irraggiungibile. È quella che Lacan nomina come una "discordia primordiale",[12] ovvero quella condizione di inermità e di frammentazione reale della vita del bambino che residua al di qua della ricomposizione immaginaria resa possibile dall'immagine speculare.

Il "corpo in frammenti" è un reale che, per un verso, giace al di qua dello specchio ma, per un altro verso, annunciando un'unificazione che si rende possibile solo attraverso l'inganno dello specchio, distanzia irreversibilmente il soggetto dall'immagine narcisisticamente ideale di se stesso. Se la funzione primaria dell'immagine narcisistica nel processo di soggettivazione è quella di rivestire il reale del corpo del bambino in modo tale che esso sia unificato in una "buona forma" – l'immagine ricopre il reale del vivente, la "discordia primordiale", il corpo in frammenti, situa gli oggetti del corpo entro il loro "vaso"[13] –, il soggetto non può mai coincidere con l'immagine che lo costituisce. Non a caso anche nella clinica delle nevrosi è assai frequente osservare fenomeni di vacillamento dell'immagine del corpo: il reale del corpo in frammenti diviene un'apparizione del reale che incrina la funzione risanatrice dell'immagine. Si pensi, per fare un esempio, al fenomeno della dismorfofobia nell'adolescenza dove, sotto la pressione della pubertà, il reale del corpo lacera il piano narcisistico dell'immagine facendo emergere il carattere irrappresentabile della pulsione. Ancora più evidente è quello che accade in certi fenomeni del corpo schizofrenico, dove il reale del corpo pulsionale sembra sganciarsi totalmente da ogni possibile immagine. Anche nel vissuto melanconico possiamo osservare una lacerazione nell'immagine unita all'emergere dell'esistenza nel suo puro carattere informe e privo di senso; la caduta dell'immagine rivela l'agonia primitiva del soggetto, il suo essere senza scampo, gettato nell'abbandono assoluto. Nell'aggressività, invece, l'immagine diviene un bersaglio privilegiato in quanto espressione dell'alterità dell'Altro, della sua vita irraggiungibile. È il punto dove aggressività, odio e invidia si intersecano: colpire l'immagine idealizzata dell'altro in quanto impossibile da possedere. È il nucleo fondamentale del vissuto paranoico.

La prima traccia del reale lacaniano si può dunque già trovare in seno all'immaginario. Essa può assumere le forme della consistenza dell'odio e dell'aggressività, come nella clinica della paranoia, o quelle della frammentazione schizofrenica dell'immagine e dell'agonia primitiva, come abbiamo invece nella melanconia. Più in generale, però, il reale appare nell'immaginario rimarcando l'impossibilità per il soggetto di ricongiungersi alla sua rappresentazione ideale fissata nello specchio ("armatura di un'identità alienante").[14] L'esperienza dell'impossibile viene infatti associata da Lacan, dall'inizio alla fine del suo insegnamento, al registro del reale. Nel caso dell'immaginario, l'impossibile segna la divaricazione insuperabile tra il corpo reale al di qua dello specchio e il corpo rappresentato idealmente nella sua immagine fallico-narcisistica. Come abbiamo già visto, infatti, il soggetto non può coincidere con quell'immagine che si dà, come scrive Lacan, costitutivamente sottratta.[15] In primo piano qui non è il reale come eccesso ma il reale come assenza, come incontro con ciò che non trova possibilità di realizzazione.

Il sogno di Irma

Nel sogno di Irma possiamo notare come i tre registri dell'immaginario, del simbolico e del reale siano simultaneamente all'opera. Riassumo sommariamente la trama di questo sogno di Freud che viene raccontato ne *L'interpretazione dei sogni*: a un ricevimento egli incontra Irma, una sua paziente rispetto alla quale si interrogava problematicamente sui benefici che ella poteva aver ricavato dalla cura analitica. La trova sofferente e decide di esplorarle la cavità orale. Percepisce la presenza di piaghe ed escrescenze che segnalano una condizione di malattia organica che si chiede se non ha colpevolmente sottovalutato nel corso del trattamento. Appaiono altri personaggi, tra i quali un collega di nome Otto, al quale Freud attribuirà nel corso del sogno la responsabilità della malattia di Irma causata da un'iniezione che, anziché rivelarsi terapeutica, avrebbe trasmesso un'infezione. Il sogno si chiude con una formula chimica che riassume il contenuto dell'iniezione.

Il registro immaginario del sogno ha come protagonista l'Io di Freud: la sua preoccupazione di aver fatto male il proprio lavoro nei confronti della sua paziente. Qualcosa non è andato nel verso giusto: abuso di transfert, imperizia, imprudenza, sottovalutazione di un danno organico? Il desiderio di Freud sul piano immaginario si realizza nel sogno scaricando aggressivamente la sua responsabilità sul collega Otto, imputando alla sua mediocrità il cattivo esito della cura di Irma. In questo modo egli si sottrae al peso morale di aver condotto male la cura. Diversamente, la dimensione simbolica del sogno mostra il desiderio di Freud come ciò che lo sospinge al di là delle preoccupazioni narcisistiche relative al proprio Ego. Nella parte finale del sogno Freud si trova di fronte a una formula chimica che si profila come la chiave scientifica per interpretare il sogno e che rivela come il soddisfacimento simbolico del desiderio di Freud coincida con la scrittura stessa de *L'interpretazione dei sogni* come una nuova scienza in grado di decifrare – di ricondurre, appunto, a una formulazione scientifica – gli intricati enigmi onirici.

Ma qual è invece, si chiede Lacan, la dimensione reale del sogno? Qual è, per riprendere una nota immagine di Freud, il punto ombelicale del sogno? Precisiamo che ne *L'interpretazione dei sogni* questo punto non contiene affatto il significato ultimo del sogno, come si potrebbe erroneamente ritenere, quanto l'impossibilità di accedervi. L'ombelico del sogno non è, cioè, uno scrigno che conterrebbe la significazione nascosta – quella definitiva – del sogno, ma segnala piuttosto l'impossibilità di una traduzione simbolica esaustiva del sogno stesso. Dunque, non è il punto dove il senso rimosso si addensa, ma quello dove lo slittamento metonimico e la condensazione metaforica del senso si interrompono. Nel caso specifico, l'ombelico del sogno coincide con la gola di Irma. Gli inganni dello specchio (Immaginario) e la formula simbolica della scienza (Simbolico) devono qui lasciare il posto a una visione raccapricciante. È il carattere insensato e informe del reale a venire in primo piano, è la carne senza immagine e senza nome che si impone come un reale primordiale, un eccesso che sgomenta. La parola di Lacan tocca qui un vertice poetico che non si può non apprezzare:

> Carne che non si vede mai, il fondo delle cose, il rovescio della faccia, del viso, gli spurghi per eccellenza, la carne da cui viene tutto, nel più profondo mistero, la carne in quanto sofferente, informe, in quanto la sua forma è per se stessa qualcosa che provoca l'angoscia. Visione d'angoscia, identificazione d'angoscia, ultima rivelazione del *tu sei questo, tu sei questa cosa* che è la più lontana da te, la più informe... l'oggetto primitivo per eccellenza, l'abisso dell'organo femminile da cui esce ogni vita, la voragine della bocca in cui tutto è inghiottito, come pure l'immagine della morte dove tutto termina... apparizione angosciante di un'immagine che riassume ciò che possiamo chiamare rivelazione del reale in ciò che esso ha di meno penetrabile, del reale senza alcuna mediazione possibile, del reale ultimo, dell'oggetto essenziale che non è più og-

getto ma qualcosa davanti a cui tutte le parole si arrestano e tutte le categorie falliscono, l'oggetto di angoscia per eccellenza.[16]

La gola di Irma spalanca l'abisso di un reale che rifiuta ogni possibile mediazione simbolica. È carne sprovvista di immagine e di nome, fatticità bruta dell'esistenza che si manifesta come puro scarto. Apparizione angosciante che sfugge a ogni definizione, come accade di fronte all'evento della morte. Rivelazione di un assoluto che è sprovvisto di senso e che non può esservi ricondotto perché di fronte a esso tutte le nostre parole e le nostre categorie sono destinate a fallire. È quel non senso radicale dell'esistenza che il giovane Sartre svela ne *La nausea*. Si annuncia la figura del reale di *das Ding* – della Cosa – che diventerà la protagonista inquietante nel *Seminario VII*. Si tratta di un eccesso oppressivo che esclude l'ossigeno della mancanza. Non c'è qui nessuna metaforicità. Piuttosto, un'irruzione traumatica e senza senso del reale che buca il simbolico rovesciando la relazione ordinaria, stabilita da Lacan in *Funzione e campo*, secondo la quale sarebbe invece l'azione del simbolico a bucare il reale. In gioco è la "rivelazione" di un reale che deborda sia dagli inganni narcisistici dello specchio sia dal potere della simbolizzazione. L'accesso al reale implica, infatti, come abbiamo visto, la vacillazione dei sembianti immaginari e simbolici che ordinano il quadro della realtà. È quello che accade quando Freud nel sogno ispeziona la gola di Irma: il reale si rivela insieme al cedimento dell'immaginario e del simbolico. Esso, come dirà l'ultimo Lacan, ek-siste, frattura ogni continuità con l'ordine immaginario e simbolico del senso. È la stessa insistenza con la quale egli riconduce il reale all'informe, al senza forma, alla deformazione della forma, alla "smorfia" (*grimace*).[17]

L'assoluto fuori senso della vita si coniuga con quello della morte. Nella gola di Irma è stampato il reale irriducibile della morte, che per Lacan è un modo di "apparizione" del reale. Nel testo dedicato a Gide, per esempio, in riferimento al suo essere stato un bambino non desiderato dalla madre, egli può scrivere che in questo caso "il marchio di ferro della morte imprime nella carne, quando il verbo l'ha districata dall'amore".[18] A ribadire, dopo la lettura del sogno di Irma, che la carne non è il corpo, ma una sorta di reale primordiale che precede la costituzione immaginaria e pulsionale del corpo. È materia senza marchio, senza forma, vita senza scopo, vita destinata alla morte. È la stessa carne che può emergere in alcuni fenomeni elementari della schizofrenia, dove il corpo appare disgregato, mero ammasso acefalo di organi, spezzettato, frammentato, privo di un tratto ideale unificante, carne informe come in certe opere di Bacon.

La difesa dal reale

Se, come ha mostrato la lettura lacaniana del sogno di Irma, il reale è luogo di un eccesso informe e terrificante, se è la rivelazione pura della dimensione insensata dell'esistenza, allora l'istituzione del soggetto non può che avvenire come uno "spazio di difesa" nei confronti di questo reale.[19] È una tesi generale che Lacan non abbandona mai nel corso di tutto il suo insegnamento: la difesa dal reale è una necessità della forma umana della vita. Non a caso nel *Seminario VII* il principio di piacere si configura come un principio di difesa che pone dei limiti all'incandescenza intrattabile del reale.[20] Diversamente, nella psicosi, se escludiamo la paranoia dove troviamo un'espansione delirantemente securitaria della difesa, il soggetto appare sommerso dal reale perché privo delle difese necessarie. Il soggetto schizofrenico, come del resto quello melanconico, appaiono infatti sommersi dal reale perché senza difesa.

Nella teoria classica della psicosi di Lacan, la forclusione – la disattivazione della funzione simbolica del Nome del padre – impedisce la strutturazione del quadro della realtà: il reale prevale a senso unico sul simbolico. È, come abbiamo visto, il tema sviluppato da Freud negli anni venti: la perdita della realtà nella psicosi è causata dallo "strapotere dell'Es", dunque, in termini lacaniani, da un'irruzione erratica e invasiva del reale. Questo significa che la realtà tende ad addormentare il reale; che, in altre parole, il quadro della realtà è esso stesso una difesa dal reale – per questo Freud sosteneva, come abbiamo visto, che nella psicosi la rimozione non è dell'Es ma della realtà stessa – e che senza difesa dal reale non c'è istituzione del soggetto, in quanto tale istituzione si organizza come uno spazio fobico-difensivo nei confronti della pressione insopportabile del reale.

Lacan ribadisce più volte questo punto: l'uomo può entrare in rapporto al reale solo in termini di "Difesa".[21] È questa, se si vuole, l'interpretazione lacaniana del carattere originario che Freud attribuiva alla rimozione. Solo se c'è difesa dal reale – "rimozione originaria" – la vita può tollerare di vivere. Diversamente, come accade nelle psicosi, vivere nel reale diviene un incubo permanente perché si è dissolto lo schermo protettivo della realtà. È il carattere terrificante che il reale può assumere nelle psicosi. Accade innanzitutto nella melanconia, dove l'esistenza si rivela – come la gola di Irma – luogo privo di ogni senso, informe, abisso che inghiotte, deserto della significazione, puro non senso. Ma accade anche nella schizofrenia, dove il corpo si frammenta e il soggetto è vittima di un'invasione traumaticamente abusiva del godimento. È la compulsione che spingeva un paziente schizofrenico, ricoverato nella struttura psichiatrica dove feci il mio primo tirocinio clinico, ad avvertire la necessità inderogabile di masturbarsi senza pausa, giorno e notte, per evacuare un godimento la cui presenza nel corpo era vissuta come minacciosa. In questo caso non c'è nessun fantasma che erotizza l'attività della masturbazione, perché questa attività è finalizzata solamente a esternalizzare un godimento insopportabile, dunque a difendersi dal reale. Non c'è nessuna gioia, infatti, nel corpo schizofrenico, nessuna liberazione, nessuna espansione della vita.[22] Piuttosto esso appare devastato da un godimento narcisistico che si rivela mortale e distruttivo per il soggetto.

In questo senso la clinica delle psicosi viene descritta da Lacan, sin dai suoi primi scritti sulla paranoia, come una clinica dell'eccesso terrificante del reale. È solamente l'azione del simbolico che può negativizzare il reale, stemperando il suo eccesso e la sua distruttività anarchica. Tuttavia, è la stessa azione del simbolico a ribadire l'impossibilità di normare tutto il reale. Non tutto è, ripete Lacan, significante, sebbene sia proprio l'azione del significante a far emergere il reale come impossibile da significantizzare. È, come abbiamo visto, il paradosso che attraversa già la teoria freudiana della libido e della fissazione pulsionale pre-genitale: è l'azione simbolica della castrazione che, limitando il godimento pulsionale, determina la fissazione irriducibile del godimento, la sua condensazione sul bordo dei tagli imposti da questa stessa azione. È uno dei paradossi maggiori che attraversa il rapporto tra il reale e il simbolico: se, per un verso, il linguaggio consente una negativizzazione simbolica del reale, per un altro verso genera fatalmente la sua fissazione irriducibile.

Il reale del simbolico

Nel suo "ritorno a Freud", come abbiamo visto ampiamente nel primo capitolo, Lacan si impegna a sottrarre l'inconscio freudiano a ogni riduzionismo evolutivistico. La grande sovversione operata da Freud consiste nell'aver mostrato che l'inconscio è un soggetto nel soggetto, che la sua competenza è ordinata come quella di una ragione, che la sua facoltà è innanzitutto una facoltà di significazione e che la sua costituzione è eminentemente storica. Nondimeno, anche nel contesto di questo primato del simbolico dobbiamo già rinvenire la presenza scabrosa del reale. In questo caso non è però il reale come eccesso a essere in primo piano, quanto piuttosto il reale come assenza, come impossibile, come non rapporto. Esso appare innanzitutto nell'impossibilità per il soggetto in analisi di congiungere la sua parola con il proprio essere. L'applicazione della regola fondamentale stabilita da Freud – "Dica tutto quello che le passa per la testa" – non sortisce mai l'effetto di generare questa congiunzione, ma rende, al contrario, manifesta la sua impossibilità. È questo un punto nevralgico dell'esperienza analitica del reale. In *Varianti della cura tipo* Lacan situa all'origine dell'impossibilità di questo "congiungimento" – della divaricazione tra parola ed essere del soggetto – l'esistenza stessa della grammatica e delle sue leggi che impediscono alla parola di esprimere senza mediazioni di sorta l'essere del soggetto.[23] A significare che nell'esperienza analitica non c'è che un solo "medium", quello della parola, e che tale medium è inaggirabile.[24] Per questo la tecnica lacaniana prende le massime distanze da ogni "fanatismo del vissuto"[25] per porre al centro il discorso del soggetto. Nondimeno, nella sua stessa parola il soggetto è destinato a incontrare l'impossibilità di sottrarsi all'alienazione che essa introduce. Dunque, proprio mentre Lacan esalta il potere della parola nell'esperienza analitica, mostra anche quanto il soggetto incontri necessariamente il suo limite: la parola può esprimere l'essere del soggetto, ma non può mai giungere a coincidere con tale essere.

Come nella costituzione alienata del soggetto nello specchio non si dà alcuna possibilità di coincidenza tra il suo essere e la sua immagine speculare idealizzata se non nella forma allucinata della paranoia (dove il soggetto coincide con la sua stessa personalità), allo stesso modo il linguaggio non opera semplicemente assegnando al soggetto il potere creativo della parola, ma anche assoggettandolo alle sue leggi. Il reale appare qui non tanto come eccesso ingovernabile quanto come assenza, come esperienza dell'impossibile: impossibilità di congiungere il Dire all'Essere. È la stessa versione del reale, come vedremo nel prossimo capitolo, che troviamo nel *Seminario XX*, nel quale Lacan riprende il tema del reale nella forma dell'impossibilità del rapporto sessuale: per quanto i Due cerchino di essere e di fare Uno, la convergenza dei loro godimenti è impossibile come è impossibile nell'esperienza dell'analizzante far convergere la parola con l'essere.

In questo senso, secondo uno schema di origine biblica, il simbolico di Lacan tende a ricoprire da sempre il reale. Non è infatti il nome che emerge dalla Cosa, ma è il potere del Verbo che nominando la Cosa la fa esistere negandone l'immediatezza e mostrandone la dipendenza dal significante. Questo vuol dire che la parola introduce nel reale la dimensione della verità, anche se questa verità non si può mai dire del tutto.

Ma come dobbiamo allora concepire il rapporto tra la parola e le cose, tra il linguaggio e l'esistenza, tra il simbolico e il reale? Si tratta, si chiede Lacan, di una semplice vestizione? Il simbolico, cioè, rivestirebbe un reale inerte che gli preesiste, che sussiste già prima dell'avvento della parola? Lacan prova a essere preciso nel rispondere a questa domanda:

> Il sistema simbolico non è come un vestito che starebbe addosso alle cose, non è senza effetto su di esse e sulla vita umana. Si può chiamare questo perturbamento come si vuole: conquista, violazione della natura, trasformazione della natura, ominizzazione del pianeta.[26]

Quello che viene qui ribadito è che il linguaggio non è tanto casa, orizzonte, radura (*Lichtung*), come riteneva Heidegger, ma una perturbazione inaggirabile, una "violazione della natura". Il significante non solo designa ciò che umanizza la vita, ma definisce anche il punto traumatico di intrusione che ne determina un'alterazione profonda. In questo senso il reale del simbolico coincide con il suo taglio, con la separazione che il linguaggio opera scindendo la vita da se stessa, rendendo impossibile la coincidenza tra l'essere del godimento e quello del corpo. Questa non coincidenza – questa incompatibilità tra significante e godimento – getta l'esistenza nell'esilio della "mancanza a essere". Per questa ragione il linguaggio non si costituisce tanto come una semplice rete che ricopre un essere che gli pre-esiste, ma come uno sconvolgimento dell'essere. Ma non nel senso empirista che prima si dà l'essere e poi il suo sconvolgimento, ma in una presa del linguaggio sull'essere che accade in una sincronia fondamentale. Se è vero, come Lacan ripete in più luoghi della sua opera, che il simbolico è il luogo della Legge, è altresì vero che questa Legge – la legge del linguaggio – altera in modo irreversibile – persino nelle forme di una vera e propria "violazione" – l'essere dell'esistenza. È questo il potere smisurato del Verbo da cui scaturisce l'esperienza reale del godimento. È questo il modo originalissimo con il quale Lacan rilegge la celebre formula giovannea secondo la quale "in principio era il Verbo":

> Per quell'essere carnale, quel personaggio ripugnante che è l'uomo medio, il dramma comincia quando entra in gioco il Verbo, quando si incarna... È quando il Verbo s'incarna che le cose cominciano ad andare terribilmente male. Egli non è più felice, non assomiglia più a un cagnolino che scodinzola e nemmeno a uno scimmione che si masturba. Non assomiglia più a niente. È devastato dal Verbo.[27]

Il Verbo non è qui sinonimo di orizzonte, radura, apertura. Piuttosto esso veicola una devastazione inaggirabile pervertendo la natura dell'organismo vivente. Quello che si deduce è che, nella prospettiva di Lacan, il reale, come abbiamo già ricordato diverse volte, non può essere situato al di qua del linguaggio poiché "non c'è nessuna realtà pre-discorsiva" in quanto "ogni realtà si fonda e si definisce secondo un discorso".[28] Ne consegue che il reale lacaniano sorge sempre come un effetto provocato dal simbolico. Nella psicosi la carenza di trattamento simbolico provoca il ritorno incessante del reale nei fenomeni elementari del delirio, dell'allucinazione e del passaggio all'atto. Diversamente, nella clinica della nevrosi, il trattamento simbolico del reale comporta che il suo ritorno implichi un ritaglio del reale stesso, una sua localizzazione ed esternalizzazione come "resto", come "parte elisa" destinata, proprio in quanto perduta, a divenire "propriamente libidica".[29] Sicché il reale non è mai semplicemente contrapposto al simbolico, ma risulta essere un suo prodotto residuale. Non a caso, la pulsione stessa è definita come "l'eco del fatto che vi è un dire" nel corpo,[30] un "effetto del linguaggio", "la causa introdotta (dal linguaggio) nel soggetto".[31]

Il ritorno del reale nelle psicosi

Nel corso nel suo insegnamento Lacan stringe con sempre maggior forza il nesso tra reale e simbolico. Non bisogna attendere l'ultimo tempo del suo insegnamento per cogliere la centralità che egli assegna al concetto di reale, perché senza il riferimento al reale l'esperienza della psicosi risulterebbe illeggibile. È, in particolare, a partire dal *Seminario III*, dedicato propriamente al tema clinico delle psicosi, che, non a caso, il concetto di reale guadagna un posto centrale nella sua riflessione.

In una forte prossimità con le tesi che Basaglia in quegli stessi anni stava elaborando, la psicosi, più di ogni altra categoria clinica, ci aiuta a intendere la condizione umana in quanto tale.[32] Mentre il nevrotico beneficia del significante del Nome del padre per "umanizzare il reale",[33] nella psicosi questa umanizzazione fallisce e, di conseguenza, il reale appare nei suoi aspetti più terrificanti spogliando il soggetto di ogni difesa. Il mondo dello psicotico appare come un "chiuso mondo a due",[34] dominato da un invischiamento immaginario che genera degli effetti reali sul soggetto. È la prima tesi sulle psicosi, che precede la più nota teoria lacaniana della forclusione del Nome del padre. Secondo questa prima teoria, lo psicotico resterebbe ingabbiato nell'Immaginario senza poter accedere al Simbolico a causa della sua "esclusione dell'Altro".[35] La prevalenza dell'Immaginario – del "chiuso mondo a due" – renderebbe, infatti, inattivo l'ordine simbolico, esponendo il soggetto a un reale senza legge. In questo senso non è affatto sbagliato affermare che Lacan scopre il reale innanzitutto grazie alla clinica delle psicosi. È un dato biografico e teorico che non andrebbe mai sottovalutato. Se l'isterica insegna al giovane Freud la dialettica rimozione-ritorno del rimosso che è al centro della clinica delle nevrosi, le psicosi insegnano al giovane Lacan l'incidenza del reale come ciò che devasta il quadro della realtà. Se per Freud l'inconscio è davvero strutturato come un linguaggio, essendo le sue manifestazioni – quelle che Lacan denomina "formazioni dell'inconscio" – eminentemente simboliche, per Lacan è da subito chiaro che l'inconscio comporta anche un reale irriducibile alla struttura del simbolico.

Una delle sue formule più note, tratte dalla sua ricchissima esperienza clinica con le psicosi, è che "ciò che non viene simbolizzato ritorna nel reale". Si tratta di una formula che, per un lato, riprende in modo originale una tesi di Freud relativa alla nozione di "elaborazione" in riferimento all'esperienza analitica. Quando afferma che nell'analisi ciò che non si elabora è destinato a ripetersi.[36] Infatti, se facciamo coincidere l'elaborazione con il processo di simbolizzazione, possiamo provare a unificare il detto di Freud con quello di Lacan, affermando che nelle psicosi ciò che non può essere elaborato simbolicamente ritorna, si ripete nel reale.

Se ancora nel *Seminario III* la tesi clinica prevalente sulla psicosi sostiene la subordinazione del simbolico al narcisismo mortifero di un Immaginario ridotto all'inerzia di una fissazione identificatoria senza dialettica, nel passaggio da questo *Seminario* a *Questione preliminare* e, dunque, alla teoria più compiuta della forclusione, la causalità psichica delle psicosi passa dall'Immaginario al Simbolico. In altri termini, se il narcisismo mortifero gioca un ruolo così essenziale nelle psicosi è perché il registro del simbolico non è operativo. La teoria della forclusione sostiene infatti che nel soggetto psicotico vi sia una carenza fondamentale non tanto del soggetto, ma del luogo dell'Altro come luogo del simbolico. Nel soggetto psicotico questo luogo appare minato nel suo fondamento poiché privato del significante che ordina l'insieme dei significanti e che Lacan individua nel Nome del padre. La forclusione – la disattivazione simbolica – di questo significante definirebbe con precisione la causalità fondamentale delle psicosi, dunque la non tenuta del quadro della realtà, la dissociazione del legame tra significante e significato, l'assenza di un orientamento stabile della sessualità, l'invasività di un godimento non normato, i continui ritorni erratici del reale nel corpo del soggetto (schizofrenia), nella persecuzione dell'Altro (paranoia), nella riduzione della vita al reale insensato della propria nuda esistenza, all'assoluta coincidenza con l'oggetto-scarto (melanconia).

La teoria della forclusione conduce Lacan a ritenere che a fondamento del ritorno del reale nella psicosi vi sia una falla nell'ordine simbolico. Sicché il difetto della simbolizzazione non dipenderebbe tanto da un blocco del soggetto nel suo cammino evolutivo – come sostengono, in modi diversi, Klein, Mahler, Winnicott e molti altri – o da un disfunzionamento dell'apparato del pensiero – come sostiene Bion –, ma da un buco, da un'assenza interna all'ordine simbolico provocato, appunto, dalla forclusione del Nome del padre. Se il reale diviene invasivo, terrificante, se genera un dissesto dell'immaginario – frammentazione schizofrenica o fissazione paranoica – o una sua non operatività – il corpo come pura esistenza senza immagine della melanconia –, è solo perché si è aperta una profonda crepa nel registro simbolico. Per questa ragione nelle psicosi ciò che ritorna non è il rimosso, ma il reale.

Se seguiamo il pensiero clinico di Lacan dovremmo, infatti, sempre distinguere due forme cliniche del fenomeno del "ritorno". Nella nevrosi ritorna il rimosso, che suppone un'avvenuta simbolizzazione: ciò che ritorna nelle forme simboliche del sintomo, del sogno, dell'atto mancato e del lapsus significa un desiderio che risulta incompatibile con la coscienza e che, avendo subìto la rimozione, è già stato riconosciuto dal soggetto come proprio sebbene non assunto. Nella psicosi, invece, ciò che ritorna è un reale che il soggetto non può riconoscere come proprio e che, di conseguenza, vive solo come una pura esteriorità traumatica. Nessuna simbolizzazione è avvenuta per consentire al soggetto di riconoscere in quel ritorno una parte di se stesso. Di qui il delirio, l'allucinazione e il passaggio all'atto come fenomeni elementari della psicosi che non implicano alcuna rimozione dell'Es, ma il ritorno dall'esterno di ciò che è stato, come direbbe Freud, "abolito dentro di noi", dunque mai simbolizzato in quanto tale.[37] È l'esempio offerto da un giovane psicotico che aggredisce con un coltello da cucina il proprio padre cercando di ucciderlo perché gli impedisce di dormire con la propria madre. Questa scena mostra il ritorno nel reale di un complesso edipico non simbolizzato. In altre parole, in questo caso il passaggio all'atto parricida avviene al posto di un complesso edipico assente: ciò che è, appunto, abolito all'interno ritorna dall'esterno.

Ma nella teoria di Freud al centro resta il meccanismo della proiezione: l'omosessualità inconscia (abolita internamente) sarebbe, per esempio, la causa della paranoia di Schreber. Diversamente, in Lacan l'abolizione concerne strutturalmente il significante del Nome del padre. Al centro non è il meccanismo proiettivo, ma l'assenza forclusiva di quel significante primo – il Nome del padre – che struttura l'insieme dei significanti. Non c'è qui sintomo, metafora, sogno, simbolizzazione, ma un ritorno direttamente nel reale di ciò che non è mai stato simbolizzato. Da questo punto di vista il reale della psicosi non ha nulla di libertario, non è espressione di una rivolta del soggetto all'ordine dispotico-normativo del simbolico, ma è qualcosa che sommerge il soggetto declassandolo nella condizione dell'oggetto del godimento dell'Altro, come dirà più avanti Lacan.

Non a caso è il concetto di "automatismo mentale" – coniato da de Clérambault – a esercitare sul giovane Lacan un vero e proprio magistero. Con questo concetto il celebre psichiatra francese mostrava come nella psicosi il soggetto fosse agito da automatismi mentali che non dipendevano in nessun modo dalla propria volontà. Piuttosto, il soggetto psicotico appariva in balìa di forze che non poteva contrastare e che gli imponevano continui ritorni del reale, come accade per esempio nel fenomeno dell'allucinazione acustica, dove il soggetto non può sottrarsi alla presenza invasiva delle voci che lo assediano.

Il reale di cui lo psicotico fa esperienza è il reale dell'oppressione e non della liberazione. Per questa ragione, nel Lacan teorico della psicosi, l'allucinazione resta l'esperienza clinica più evidente del ritorno del reale: il soggetto della percezione viene sovrastato da un'animazione imprevista del *perceptum* che destituisce il *percipiens* di ogni sua facoltà intenzionale. Sicché non è il soggetto che organizza la propria attività percettiva subordinando a essa il *perceptum*, ma è proprio il "percepito" a imporsi come un reale erratico su quell'attività svuotandola di ogni padronanza. È quello che Lacan mostra già nel *Seminario I* attraverso il caso clinico del piccolo Robert presentato da Rosine Lefort. Ogni psicotico, affermava, "non vive altro che il reale", non può esistere se non "sommerso dal reale".[38]

Nelle psicosi quello che emerge con maggior evidenza è che il soggetto non libera affatto la propria soggettività ma la perde. Anche questo è un punto ricorrente della dottrina lacaniana delle psicosi: lo psicotico non è soggetto della parola, bensì oggetto della parola degli altri, più parlato dal linguaggio che parlante.[39] È questa la bizzarra parentela che unisce, secondo Lacan, la follia alla scienza. In entrambi i casi la soggettività resta forclusa, alienata in una forma di oggettività senza soggetto.

Nel corso del suo insegnamento, questa posizione si radicalizza sino al punto da sostenere che nella psicosi il soggetto è ridotto a oggetto passivo del godimento dell'Altro. Lacan ne fornisce un esempio quando evoca una paziente schizofrenica di origini italiane, di nome Isabella, che vive nella costante sensazione allucinata di sentirsi vista, ovvero di essere ridotta a oggetto dello sguardo dell'Altro; oppure quando riferisce il vissuto di certe madri psicotiche che percepiscono il proprio feto come un puro oggetto reale.[40]

Ricapitoliamo: mentre nella prima forma di ritorno – quella nevrotica – si rivela tutta l'efficacia dell'inconscio strutturato come un linguaggio poiché quello che ritorna, ritorna solo mediante una cifratura significante, nella seconda forma il ritorno avviene a causa di una carenza di cifratura significante che è, a sua volta, il segnale di una carenza strutturale nell'ordine stesso del simbolico.

Riassumiamo: nella prima tappa della riflessione di Lacan sulle psicosi, la causalità psichica viene individuata nel narcisismo, in una profonda alterazione dello stadio dello specchio: il soggetto psicotico patisce un narcisismo scisso dal simbolico. Se l'articolazione del campo narcisistico al campo simbolico nel lessico di Lacan istituisce l'Ideale dell'Io – ideale che per Freud costituiva, non a caso, l'erede del complesso edipico –, nello psicotico tale ideale non si costituisce. Questo significa che il soggetto non può mediare la dimensione del desiderio (narcisismo) con quella della Legge (simbolico) facendo prevalere l'una o l'altra senza poter stabilire alcuna dialettica tra loro. Non a caso Lacan definiva l'Ideale dell'Io come quell'istanza necessaria capace di mediare la libido con la cultura[41] e di guidare al di là dell'immaginario,[42] dentro le cui sabbie mobili invece il soggetto psicotico si troverebbe risucchiato. Ne scaturiscono i fenomeni altalenanti dell'invidia, dell'aggressività, dell'idealizzazione e dell'erotizzazione che ritroviamo non a caso esacerbati nella clinica della paranoia. Si tratta, come scrive Lacan, di una "regressione topica allo stadio dello specchio"[43]: il campo dell'intersoggettività si infiamma, diviene incandescente, produce fenomeni persecutori.

Il secondo passo nella teoria delle psicosi consiste invece nell'individuare la causalità nella forclusione del Nome del padre: se nelle psicosi abbiamo prevalenza dell'immaginario e regressione allo stadio dello specchio, è perché c'è una carenza strutturale del simbolico. Se l'azione del Nome del padre consente al soggetto di separarsi dal desiderio della madre, se rende possibile la significazione fallica ovvero la costituzione di un'identità sessuale orientata, se essa ordina attraverso la castrazione il godimento strutturandolo sugli orifizi del corpo, la sua assenza forclusiva determina una condizione caotica di disintegrazione. Dalla dottrina della forclusione possiamo dedurre che il reale (della psicosi) non è generato dal simbolico, ma da una sua disattivazione.

La cesoia del linguaggio

Nella clinica della psicosi il reale, come abbiamo appena visto, riappare in modo erratico disfacendo il quadro della realtà a causa dell'assenza forclusiva del Nome del padre. Ma lo sviluppo della riflessione di Lacan sul reale lo conduce a problematizzare radicalmente anche questa concezione dei rapporti tra reale e simbolico. Il simbolico non può addomesticare il reale non perché è stato forcluso il significante del Nome del padre, ma per altre due ragioni che Lacan focalizza progressivamente. La prima ragione consiste nel concepire il simbolico come sistema imperfetto, mancante nella sua stessa struttura. È il passaggio dal significante che nelle psicosi manca all'Altro (il Nome del padre) alla mancanza dell'Altro in quanto tale che egli teorizza come il più "grande segreto" della psicoanalisi in una lezione decisiva del *Seminario VI*.[44] In questo caso, il problema del ritorno del reale non concerne tanto l'assenza forclusiva del Nome del padre – secondo una lettura edipica della psicosi –, ma un'assenza che tocca dall'interno il sistema simbolico che, in quanto tale, non è in grado di simbolizzare integralmente il reale. La mancata simbolizzazione del reale non dipende più, detto in altri termini, dalla forclusione del Nome del padre, ma da un limite interno al simbolico stesso nel suo rapporto con il reale poiché il simbolico non è in grado come tale di drenare tutto il reale.

La seconda ragione riguarda invece il rapporto tra il significante e il reale del godimento. La prima versione di questo rapporto accentuava infatti l'azione negativizzante del significante che spoglia il corpo del suo godimento. Nell'avanzare del suo insegnamento Lacan teorizza sempre più il significante non come ciò che limita il godimento ma come "causa del godimento", del tutto omogeneo al corpo inteso come "sostanza godente".[45] Nondimeno, questa coalescenza tra significante e godimento, anziché affermare una continuità naturalistica priva di incompatibilità tra i due – è questo il miraggio perseguito dalla volontà di godimento del perverso –, ribadisce che tra significante e godimento esiste uno iato incolmabile, una discrepanza di fondo. Non si tratta, dunque, come tende a fare la scolastica lacaniana, di sostituire alla funzione negativizzante del significante quella del significante come causa del godimento. In gioco non è una sostituzione, ma una complessità topologica che fa sì che il significante non sia mai solo ciò che causa il godimento, ma anche ciò che pone un limite al godimento e viceversa. Non a caso Jean-Luc Nancy, in contrasto con la concezione fenomenologico-esistenzialista dell'identità vissuta tra corpo ed essere – "Io non ho ma *sono* il mio corpo" –, si poneva giustamente il problema di quale fosse la distanza, la differenza irriducibile che ci separa irreversibilmente dal nostro stesso corpo.[46] È quello che già ne *Lo stadio dello specchio* Lacan teorizza, evocando Eraclito, come una "discordia primordiale". L'azione del Verbo è decisiva per umanizzare il corpo, per tradurre la sua carne in corpo. Ma questa traduzione comporta simultaneamente, come abbiamo già visto, una negativizzazione del godimento e una sua iscrizione. "L'effetto di cesoia" del linguaggio[47] introduce una perdita irreversibile di godimento e, al tempo stesso, una sua iscrizione indelebile, uno svuotamento e una marchiatura. Per Lacan è una domanda che orienta la dimensione strutturale della diagnosi differenziale: vi è stata o no estrazione – perdita – dell'oggetto dal corpo del soggetto? Si è verificato il suo spostamento nel campo dell'Altro? Il godimento si è localizzato a partire da questo spostamento sui bordi orifiziali del corpo pulsionale o si diffonde anarchicamente? Nella paziente italiana di nome Isabella citata nel *Seminario X*, l'oggetto-sguardo non si è dislocato nel campo dell'Altro, ma è rimasto aderente al corpo della donna che, appunto, si sente "sempre vista". In questo caso non c'è visione se non dell'Altro. È la stessa esigenza che troviamo nella lettura lacaniana del caso freudiano del piccolo Hans: l'oggetto deve essere separabile, staccabile, deve poter essere ceduto, ovvero non deve coincidere con l'esistenza del soggetto. Siamo all'origine della sua zoofobia: la paura nei confronti del cavallo è il suo tentativo di separarsi dalla pressione del pene vissuto come oggetto reale.[48]

La svolta del "Seminario VII"

Questi riferimenti ai rapporti tra soggetto, significante e godimento trovano nell'insegnamento di Lacan un primo luogo di grande coagulazione teorica nel *Seminario VII*, giustamente considerato da diversi autorevoli lettori di Lacan il *Seminario* della "svolta" verso la centralità del reale. Qui le coppie concettuali in tensione sono quelle di significante e soggetto e quelle di desiderio e godimento. In particolare, questa seconda coppia di termini appare come la vera protagonista del discorso di Lacan che, sino a quel momento, non aveva ancora introdotto con evidenza nel suo pensiero la figura sconcertante del godimento (*Jouissance*).

A un primo sguardo desiderio e godimento appaiono come termini incompatibili. Mentre il desiderio resta vincolato al rapporto con l'Altro, il reale del godimento rompe questo rapporto. Il godimento è, infatti, nella sua radice sempre e solo godimento dell'Uno. Di qui il suo stretto rapporto con la pulsione, il cui godimento, appunto, è generato dal suo stesso moto. La pulsione non si soddisfa tramite l'Altro ma solo tramite la sua propria spinta. Si tratta di una dismisura, di un dispendio "alla" Bataille, di un'economia dell'eccesso che esorbita ogni criterio utilitaristico-edonistico. È quello che Freud nomina come campo dell'al di là del principio di piacere, dominato dalla figura del *Todestrieb*. Se, dunque, il desiderio si soddisfa nell'esperienza dialettica del riconoscimento che attribuisce un valore e un fine alla vita del soggetto, il godimento non ha in sé né alcun valore, né alcun fine – "È ciò che non serve a niente," ripete Lacan[49] – se non quello di godere di se stesso.

Questa antinomia tra desiderio e godimento si affaccia prepotentemente nel *Seminario VII* insieme, come abbiamo detto, alla centralità che il reale acquista rispetto agli altri due registri. Il simbolico e l'immaginario, infatti, si organizzano come difese equivalenti nei confronti dell'eccesso reale del godimento. Mentre sino a questo *Seminario* l'esperienza dell'analisi viene concepita da Lacan come un'esperienza di progressiva simbolizzazione dell'immaginario – riduzione dell'altalena immaginaria del desiderio al desiderio come desiderio dell'Altro –, la svolta che il *Seminario VII* introduce consiste nell'allineare immaginario e simbolico concependo entrambi questi registri come difese necessarie nei confronti dell'incandescenza ingovernabile del reale. Sicché il reale qui non è più ciò che "discorre da solo", ma si configura piuttosto come un estraneo interno, un'"esteriorità interna", un "interno escluso" – una *extimité*[50] – che coincide con l'essere pulsionale del soggetto stesso.

Lacan si sforza in questo modo di riportare l'etica dal piano ideale-valoriale a quello scabroso del reale. È uno dei suoi obiettivi più pregnanti: l'etica promossa dalla psicoanalisi implica il peso del reale e non l'alienazione all'Ideale.[51] Si tratta di un passaggio controintuitivo perché solitamente l'etica implica, appunto, il riferimento al piano degli ideali. Diversamente, per Lacan "la questione etica, nella misura in cui la posizione di Freud ci fa progredire rispetto a essa, va articolata orientando i punti di riferimento dell'uomo rispetto al reale".[52] Non a caso anche Aristotele definisce l'etica come governo del godimento e non solo come aspirazione morale verso l'ideale.[53] Ma la sua resta, agli occhi di Lacan, un'etica universalistica in quanto fa esistere ancora una misura condivisa di cosa dovrebbe essere un "giusto rapporto con il reale".[54]

Nella prospettiva di Aristotele esiste, infatti, una misura universale della felicità che coincide con la virtù, dunque con un ideale di padronanza del godimento. Non a caso le parole chiave dell'etica aristotelica sono quelle, ricordate da Lacan, di "temperanza", "moderazione" ed "equilibrio". La felicità dettata dalla virtù consiste nell'evitamento degli eccessi. Il sommo Bene si realizza come pacificazione delle pulsioni. Per questa ragione la bestia e il barbaro possono apparire allo sguardo del filosofo come forme di vita inumane.[55] È la prospettiva di fondo che ispira l'*Etica Nicomachea*: l'eccesso reale del godimento viene confinato fuori dall'umano, mentre l'umano si caratterizza come possibilità di governo di questo eccesso.

L'interrogativo che Lacan si pone è se esiste un'etica che, diversamente da quella codificata da Aristotele, sia in grado di non confinare, né di pretendere di normare universalmente, l'eccesso reale del godimento. Com'è possibile entrare in rapporto a questo reale senza lasciarsi travolgere ma senza nemmeno pretendere di normarlo? E, soprattutto, come articolare il reale del godimento pulsionale con l'istanza singolare del desiderio? Domanda tanto fondamentale quanto problematica soprattutto se si considera l'antinomia che sembra disgiungere godimento e desiderio. Sappiamo che già negli *Scritti* Lacan aveva condensato questa inconciliabilità in una formula secondo la quale mentre "il desiderio viene dall'Altro, il godimento viene dalla Cosa".[56] In questo modo egli sembra separare nettamente il continente del desiderio – la cui vocazione dialettica sarebbe legata in modo imprescindibile al desiderio dell'Altro – da quello del godimento, che invece implica il rapporto "inumano" alla Cosa, ovvero il moto incessante della pulsione che gode autisticamente di se stessa. Se, dunque, il campo del desiderio non può essere disgiunto da quello simbolico dell'Altro, il campo del godimento resta invece vincolato a un godimento Uno sciolto da ogni legame con l'Altro. Da questo punto di vista la Cosa sarebbe una configurazione del reale del godimento Uno che non può in nessun modo essere assorbito nell'Altro.

La Cosa e l'oggetto

Dal punto di vista genealogico, la figura della Cosa (*das Ding*) viene prelevata da Lacan da un testo giovanile di Freud intitolato *Progetto per una psicologia scientifica*[57] che egli ha avuto il merito di sottrarre alle polveri dell'archivio cui pareva destinato e riproporlo nella sua attualità. In questo testo che ancora risente fortemente della formazione neurofisiologica del giovane Freud, *das Ding* incarna innanzitutto la prima esperienza di soddisfacimento del bisogno (*Befriedigungerlebnisse*). Si tratta di un tempo mitico dove la prima soddisfazione della spinta originaria del bisogno (la fame) deposita una traccia nell'inconscio del soggetto attorno alla quale sarà destinato a ruotare il movimento del desiderio. Ma diversamente da quello del bisogno, il cui appagamento non può prescindere dalla presenza dell'oggetto (seno), la soddisfazione del desiderio si configura come la ripetizione allucinata della traccia perduta della Cosa. Il desiderio freudiano non sorge, infatti, in rapporto all'oggetto presente nella realtà (seno), ma dal suo fantasma, dalla traccia, appunto, che commemora il primo soddisfacimento. Mentre, infatti, il bisogno si dirige verso un oggetto specifico la cui presenza può garantire il soddisfacimento (fame-seno), il desiderio resta catturato dalla prima traccia della Cosa che si riattiva di fronte all'assenza dell'oggetto più che di fronte alla sua presenza. In questo senso il desiderio freudiano non sarebbe in rapporto tanto al desiderio dell'Altro quanto alla traccia mnestica del primo mitico e perduto soddisfacimento.

Il secondo tratto fondamentale che già Freud attribuisce alla Cosa è che, oltre a essere da sempre perduta, si rivela essere anche un magnete che attrae il desiderio all'indietro rivelando il carattere causativo della traccia mnestica. La traccia del primo soddisfacimento promuove, infatti, la spinta a ricercare la ripetizione allucinata di quella stessa soddisfazione. Il desiderio del soggetto resta incollato, più che all'oggetto, alla traccia della Cosa. Sicché l'oggetto del desiderio non sarà mai un oggetto del mondo, ma solamente la traccia perduta di un primo mitico soddisfacimento che il movimento del desiderio – esposto alla sua perdita irreversibile – cerca inutilmente di ritrovare attraverso "l'allucinazione fondamentale" che lo orienta.[58] È questa l'origine dell'idea lacaniana del fantasma come organizzazione inconscia del desiderio, alla quale risulta subordinata la stessa realtà della percezione. Se la Cosa è da sempre perduta, l'allucinazione fondamentale del fantasma sovrappone la sua ombra all'oggetto. In questo senso il desiderio ricerca la Cosa attraverso un oggetto che può riattivare la sua traccia. L'investimento dunque non è sull'oggetto, ma sulla sua traccia alla quale si riduce la Cosa nel fantasma.

Diversamente, nella psicosi la Cosa resta pienamente aderente al soggetto, non è perduta ma è sempre presente. Nella melanconia avviene nella forma più estrema della coincidenza del soggetto con la Cosa, del suo divenire oggetto-scarto, reale informe, esistenza senza senso; nella schizofrenia avviene nella sovrapposizione della Cosa con il corpo; nella paranoia con l'identificazione della Cosa al godimento persecutorio dell'Altro. Questo significa che nella clinica della psicosi il significante non è in grado di interrompere il rapporto del soggetto con la Cosa, di rendere la Cosa perduta, di introdurre una "distanza" tra il soggetto e la Cosa. Si tratta di un vero e proprio rovesciamento del lutto imposto dal linguaggio: se l'esistenza del simbolo coincide con la morte della Cosa, nel caso delle psicosi è la presenza sempre presente della Cosa a decretare la morte del simbolo. La forclusione può così essere letta come un'esperienza di rigetto del lutto. Se il lutto indica, infatti, la perdita irreversibile della Cosa e, da questo punto di vista, coincide con la Legge stessa del linguaggio, la forclusione psicotica opererebbe un *capovolgimento del lutto*, ovvero un suo radicale rigetto.[59]

Il buco nel simbolico – generato nelle psicosi dalla forclusione del Nome del padre – impedisce al soggetto di simbolizzare la perdita della Cosa. Mentre nella nevrosi è l'azione del significante a cancellare la Cosa che in quanto perduta diviene causa del desiderio, nella psicosi il godimento resta sempre, nel suo fondo, *godimento della Cosa*. Se nella nevrosi esso può essere solo godimento vincolato all'oggetto come resto della Cosa – la quale, come tale, resta da sempre perduta –, nella psicosi il godimento esige di restare aderente alla Cosa, vuole essere godimento del "tutto", dunque godimento mortale, incestuoso, godimento senza perdita che misconosce la Legge della castrazione, la quale, invece, impone che "niente è tutto".[60]

Se il significante non uccide la Cosa, il godimento può invadere l'essere del soggetto, "passivato", ridotto a oggetto del godimento dell'Altro.[61] Il ritorno del godimento nel reale è il ritorno della Cosa non barrata dal significante del Nome del padre. Il ritorno nel reale della Cosa mostra, infatti, la morte del simbolo. Diversamente, nella nevrosi, la Cosa diviene oggetto solo attraverso il taglio del significante. Il godimento assoluto della Cosa lascia così il posto a una frammentazione del godimento negli oggetti piccoli (a) sullo sfondo del lutto della Cosa imposto dal linguaggio. La Cosa sbarrata dal significante diviene un vuoto che può essere occupato dall'oggetto piccolo (a), ma solo in quanto resto irriducibile di quella sbarratura primordiale. In questo senso una volta Lacan ha utilizzato la metafora cristiana della resurrezione per indicare che ciò che resta – il reale dell'oggetto piccolo (a) – risorge dalla morte simbolica inferta dal linguaggio:

> Tutte le cose umane, le quali non sono in vita se non per il fatto di essere state prima uccise, vengono poi destate di nuovo alla vita tramite il simbolo. Tutte le cose umane devono attraversare la morte per entrare nella resurrezione.[62]

Il rapporto tra la Cosa e l'oggetto è, non a caso, al centro dell'apologo lacaniano del vaso di mostarda che ricorda da vicino e volutamente quello heideggeriano della brocca.[63] Per Lacan il vaso è il prodotto dall'azione del significante – dall'attività industriale dell'uomo –, dunque il suo centro è costituito da un vuoto. Ma è proprio questo "vuoto centrale" a rendere possibile l'esistenza dell'oggetto.[64] Laddove invece questo vuoto venisse ostruito dalla presenza della Cosa – è questo il caso delle psicosi – l'oggetto non si costituirebbe come tale e di conseguenza nemmeno il desiderio potrebbe essere causato dalla sua ricerca. Piuttosto il soggetto resterebbe sequestrato dalla Cosa. È quello che accade nel corpo in frammenti della schizofrenia, nell'identificazione alla Cosa della melanconia e nella difesa dai suoi ritorni persecutori nella paranoia.

Questo riferimento alla presenza del reale della Cosa nelle psicosi ci consente di sottolineare che, se dal punto di vista del significante la Cosa è da sempre perduta – il reale, come afferma Lacan, è "ciò che patisce del significante"[65] –, se l'esistenza del linguaggio è innanzitutto esperienza della non-Cosa, del suo lutto, se dunque, vista dal lato del significante, la Cosa è l'irrappresentabile, il senza volto, l'irraffigurabile, l'impossibile da immaginare e da dire, per un altro verso, però, presa dal lato del godimento, la Cosa è ciò che resiste a ogni significatizzazione, è antagonista al simbolico, rigetta la Legge della castrazione che imporrebbe il suo lutto, si impone come luogo di un eccesso ingovernabile, è godimento che costeggia la distruzione. Se la Cosa vista dal lato del significante è una non-Cosa, è da sempre un'"unità velata",[66] marcata dall'assenza, dalla perdita, vista dal lato del godimento – dal reale della pulsione – essa coincide con la turbolenza dell'Es, "centro d'incandescenza, o di zero assoluto, psichicamente irrespirabile".[67]

Non a caso nel *Seminario VII* una delle figure che incarnano l'assoluto inaccessibile di *das Ding* è il corpo della madre. Esiste una spinta incestuosa del desiderio che lo attrae nell'orbita di un godimento eccitante e terrificante insieme. È ciò che unisce profondamente Klein con Kant: la Legge che interdice l'incesto fa esistere la Cosa come oggetto del desiderio incestuoso (Klein), oppure è la Legge stessa a divenire la Cosa del godimento a cui il soggetto si sottomette (Kant). Tocchiamo qui qualcosa di essenziale nella caratterizzazione perversa del desiderio: se il desiderio umano eleva un oggetto alla dignità della Cosa (che, in quanto tale, si dà solo come perduta), lo sforzo del perverso è quello di raggiungere invece direttamente il reale della Cosa attraverso la propria volontà di godimento, di farla esistere come luogo dove il godimento diviene assoluto e disumano.

Mentre lo psicotico è invaso dalla Cosa, è in sua completa balìa, lo sforzo del perverso è quello di farsi sovrano del godimento, di diventare padrone della Cosa. Si tratta di un esercizio di potere che vorrebbe scongiurare l'esilio dalla Cosa che la Legge del linguaggio invece impone. Per questo Lacan attribuisce, nella sua opera, una grande rilevanza alla figura di Sade. È a questa figura che si affida per farsi accompagnare verso l'al di là del principio di piacere di Freud dove la Cosa non è più vista attraverso il significante come una non-Cosa – come da sempre perduta, come Altra-Cosa –, ma, attraverso il reale del godimento, come una presenza accessibile. In questo Sade, nella lettura lacaniana, prolunga paradossalmente Kant in quanto dimostra che questo reale – il reale della Cosa – non risponde più alla Legge ma si trova, piuttosto, a farsi esso stesso Legge. Non diversamente, nella *Critica della ragion pratica* l'imperativo categorico nel suo formalismo universale ("Devi!") eredita, come Freud aveva a suo modo già indicato, il comandamento del Super-io come versione disumana della Legge che esige un perfettismo senza mancanza. È la frattura insanabile e traumatica che Kant introduce nell'etica tradizionale di matrice aristotelica. Contro ogni versione edonistica dell'etica – alla quale, come abbiamo visto, Lacan riconduce pienamente l'*Etica Nicomachea* –, per Kant il sommo bene non è la felicità, come è invece per Aristotele, ma la Legge in se stessa.

L'imperativo categorico, anziché affermare la virtù come pacificazione, conciliazione, moderazione e temperanza, divide e lacera il soggetto. Tra l'essere e il dover-essere si instaura una tensione irrisolta che piega l'essere a un dovere che non può che rivelarsi spietato. Sebbene non vi sia in Kant un pensiero della pulsione, c'è però un pensiero della divisione: la Legge morale opera dividendo il soggetto, si configura al di là del principio di piacere. La Legge kantiana non pone, infatti, né la felicità né il piacere moderato come suo fine ultimo. Kant oltrepassa l'orizzonte di un'etica edonistica centrata sul perseguimento del bene sconcertando da capo a piedi il principio di piacere che anima l'aristotelismo. Il solo nome del godimento consentito per l'autore de *La critica della ragion pratica* è la Legge del dover essere.

In questo senso Lacan può sostenere, non senza riconoscere la portata paradossale della sua tesi, che per Kant la Legge coincide con la Cosa del godimento. Essa sancisce, infatti, un principio universale che è quello di agire in sua conformità al di là degli interessi del proprio Io e del proprio bene. La vita umana viene così sottomessa a un'istanza normativa che rende il castigo e la sofferenza perpetui. È questo il passaggio che consente a Lacan di pensare che Sade sia il paradossale prolungamento di Kant. Non a caso la piena coincidenza di Legge e godimento viene affermata proprio da Sade laddove istituisce il godere come un imperativo che diviene la forma più suprema del dovere. È l'altra faccia del Super-io che Freud non ha potuto vedere: l'imperativo sadiano non impone solo il dovere contro il godere, ma eleva anche il godere a dovere, istituendo la Legge come pura volontà di godimento, come nome assoluto della Cosa, alla quale il soggetto sottomette masochisticamente se stesso.[68]

Un'antinomia scolastica

Da questa breve sintesi critica del *Seminario VII* e del suo impatto nell'insegnamento di Lacan non può sfuggire il fatto che, se si osserva l'opera lacaniana dall'alto, essa appare come solcata da una profonda divisione. Da una parte si costituisce come erede legittima della grande tradizione hegeliana attraverso la mediazione di Kojève, dando luogo a una teoria del soggetto dell'inconscio che ha come suoi punti perno figure come quelle del desiderio, della mancanza a essere, della rivelazione della verità, della negatività e della morte, del grande Altro e del carattere sovraindividuale dell'ordine simbolico. Dall'altra parte sembra invece costituirsi come erede, altrettanto legittima, di una tradizione "maledetta" che da Sade passa dal Freud della pulsione di morte e dell'al di là del principio di piacere per giungere fino a Bataille e a Sartre. Secondo questa seconda eredità, l'opera di Lacan metterebbe in valore il reale come eccentrico e irriducibile all'ordine normativo del simbolico, il godimento come eccesso indomabile e anti-dialettico, traumatico, inassimilabile al significante, l'Uno della sostanza godente senza l'Altro, il ridimensionamento radicale dell'esperienza della verità – la sua "minorizzazione", come Lacan stesso si esprime nel *Seminario XX*[69] –, l'emergenza della dimensione asemantica della lettera e del carattere alluvionale e privo di codice de lalingua. Se la prima eredità ha caratterizzato il pensiero di Lacan sino alla pubblicazione degli *Scritti*, la seconda caratterizzerebbe invece la sua produzione successiva.

Tuttavia, ai miei occhi la ricchezza più grande dell'opera di Lacan non consiste nel sopprimere una di queste due eredità a favore dell'altra – come ritiene invece la scolastica lacaniana –, ma nel tenerle insieme, nel rendere operativo il loro punto (disgiuntivo) di congiunzione. In generale, si può dire che la lettura caricaturale di un pensatore consiste nell'amputare le sue oscillazioni interne mostrando l'evoluzione del suo pensiero come una teleologia progressiva che si libererebbe via via delle sue iniziali contraddizioni per dare luogo a un pensiero definitivamente risolto. A partire dall'inizio del nuovo secolo, la maggioranza dei lettori più acuti e autorevoli di Lacan ha, infatti, sposato l'idea di una rappresentazione teleologica del suo pensiero che abbandonerebbe progressivamente l'iniziale orientamento dialettico, per esaltare la dimensione assoluta del godimento Uno contro il soggetto inteso come mancanza a essere e desiderio. Io credo invece che l'eredità di Lacan consista proprio in questa tensione irrisolta tra desiderio e godimento, tra l'Altro e l'Uno, tra necessità e contingenza. Non si tratta solo di una convinzione teoretica, ma di un'esigenza dettata dalla clinica. A cosa punta infatti, nella stessa prospettiva di Lacan, una psicoanalisi se non ad annodare il reale della pulsione e del godimento all'istanza del desiderio, a convertire l'eccesso della pulsione nell'eccedenza del desiderio? Non è forse questa, come egli afferma esplicitamente nel *Seminario XII*, la responsabilità più alta che si assume il lavoro dell'analista e che lo differenzia da quello meramente ermeneutico della decifrazione? "La responsabilità dell'analista," afferma in modo risoluto Lacan a questo proposito, "consiste nel convertire la pulsione nell'ordine etico del desiderio."[70] A questo servirebbe, dunque, una psicoanalisi: a far convergere il godimento Uno della pulsione con l'istanza del desiderio come desiderio dell'Altro. Non si tratta dunque di contrapporre l'Uno all'Altro, il godimento al desiderio, la sostanza godente alla mancanza a essere, ma nel provare a cogliere il loro punto di annodamento singolare.

Il reale tra desiderio e godimento

È possibile rileggere le figure centrali del desiderio e del godimento a partire dal primato del reale? Obiezione scolastica: ma esiste davvero in Lacan una dimensione reale del desiderio? Il desiderio come desiderio dell'Altro non è infatti ciò che segnala il debito maggiore che Lacan contrae con la dialettica hegeliana? Il suo statuto – lo statuto della dialettica del desiderio – non è infatti eminentemente simbolico? Come si può allora parlare di un reale del desiderio?

Ora, sul tema del desiderio il punto di partenza per Lacan è effettivamente costituito dalla lezione di Hegel mediata dal magistero di Kojève. Sono tra le sue tesi più note e fortunate: il desiderio umano si realizza solo come desiderio dell'Altro, come desiderio di desiderio, desiderio di essere desiderato dal desiderio dell'Altro. Si tratta di quella che Hegel, nella *Fenomenologia dello spirito*, ha descritto con efficacia nella parte dedicata all'autocoscienza: la vita acquista la sua forma umana – umanizza la sua esistenza più immediata – solo se viene riconosciuta nel suo valore dal desiderio dell'Altro. In questo senso Lacan ritiene che l'oggetto del desiderio si identifichi con il desiderio dell'Altro, nel senso che desiderare significa desiderare di essere riconosciuto dal desiderio dell'Altro, nel fare del desiderio dell'Altro l'oggetto del proprio desiderio.

Questa dialettica simbolizza il desiderio emancipandolo dalla sua prigione immaginaria. L'altalena immaginaria del desiderio non ruota, infatti, intorno alla dimensione simbolica del riconoscimento, ma, come abbiamo già visto, si cristallizza sull'oggetto solo in quanto desiderato dal desiderio dell'Altro. È la versione narcisistico-immaginaria del desiderio che non può che generare una dinamica aggressiva ed erotizzante con l'Altro situato come ostacolo all'affermazione del proprio desiderio o come ideale irraggiungibile. Si tratta di una versione del desiderio che resta prigioniera degli inganni e delle seduzioni dello specchio: l'immagine dell'altro – come quella riflessa dallo specchio – risulta un'immagine idealizzata e, come tale, irraggiungibile, destinata a diventare un oggetto ambivalente di reazioni aggressive ed erotizzanti. Non è un caso che la paranoia sia la figura clinica che meglio traduce questa fissazione del soggetto alla versione solo immaginaria del desiderio.

La dialettica simbolica del desiderio interrompe l'altalena immaginaria del desiderio assorbita dai miasmi dell'idealizzazione e della rivalità: se il desiderio del soggetto è domanda di riconoscimento, la sua soddisfazione simbolica consiste nel riconoscimento di questa domanda da parte dell'Altro. È questa la lezione più specifica che Lacan trae dall'Hegel di Kojève. Ma dove si situerebbe invece lo statuto reale del desiderio? Quale posto occuperebbe il reale nella dialettica del desiderio che, come abbiamo appena visto, si risolve tra i registri dell'immaginario e del simbolico situando proprio nel prevalere di quest'ultimo la bonifica necessaria della dimensione mortifera del narcisismo?

Nella lettura lacaniana del desiderio, il reale inizia a emergere attraverso la mediazione di Sartre, in particolare dalla tesi, centralissima nell'ontologia fenomenologica de *L'essere e il nulla*, secondo la quale il desiderio è una "passione inutile".[71] È attraverso la recezione di questa tesi, infatti, che Lacan prova inizialmente a problematizzare una dialettica del desiderio che individuerebbe hegelianamente nella mediazione convergente tra soggetto e Altro la sua sintesi. Ma Lacan non è un filosofo. È la sua esperienza clinica a mostrargli che la dialettica simbolica del desiderio non può assorbire integralmente la dimensione strutturalmente inquieta del desiderio. Lacan traduce così a suo modo la formula sartriana del desiderio come "passione inutile" sostenendo, contro la linea dialettica Hegel-Kojève, che il desiderio umano non può essere mai del tutto integrato negli schemi simbolici della dialettica del riconoscimento perché al suo fondo esso implica una fuga continua, una lacerazione, un'inquietudine che prende le forme di una "metonimia della mancanza a essere", come si esprime lo stesso Lacan in opposizione a Hegel-Kojève.[72]

Questa nuova definizione del desiderio problematizza fortemente la versione dialettica del desiderio trasfigurando il desiderio come *desiderio dell'Altro* nel movimento eternizzante del desiderio come *desiderio d'Altro*. Secondo questa nuova versione, il desiderio non situa più il suo oggetto nel segno di riconoscimento che scaturisce dal desiderio dell'Altro, ma genera un vortice metonimico che rende ogni oggetto indifferente poiché la fuga infinita del desiderio rivela che ogni oggetto è insufficiente a garantire l'appagamento definitivo del desiderio stesso. Possiamo toccare qui il bordo sottile che congiunge il desiderio al godimento. Il desiderio raffigurato come una metonimia infinita è, infatti, un desiderio che nel suo movimento incessante consumerebbe inesorabilmente se stesso. È quello che Bataille descrive come l'esperienza della *dépense*, del dispendio[73]: l'oggetto del desiderio si moltiplica senza che questa moltiplicazione comporti alcuna possibilità di soddisfazione. Piuttosto essa promuove un'oscura dissoluzione del soggetto. È questo, se si vuole, un primo aspetto del lato reale del desiderio che, se pensato attraverso la metonimia, si congiunge direttamente con la dimensione più rovinosa dell'eccesso del godimento come puro dispendio di sé, come godimento di morte, al di là, come direbbe Freud, di ogni principio di piacere.

Tuttavia, nemmeno la metonimia del desiderio può esaurire l'istanza reale del desiderio. In gioco non è solo l'eccesso di un desiderio che deborda in un godimento dissipativo, ma la sua più profonda eccedenza. È questo il lato reale del desiderio che occorre mettere in evidenza. È quello che Freud nominava attraverso il riconoscimento del carattere "indistruttibile" di questa istanza in conclusione de *L'interpretazione dei sogni*. L'eccedenza del desiderio non deve essere confusa né con l'eccesso del godimento, né con quello della sua metonimizzazione. Piuttosto questa eccedenza implica, secondo la formula di Lacan che ho già evocato, una conversione inedita della pulsione all'ordine etico del desiderio. Si tratta allora di un desiderio che si emancipa dalla dimensione afflittiva della mancanza, di un desiderio che dobbiamo situare al di là del mero differimento metonimico della mancanza a essere. È innanzitutto un fatto di esperienza che la clinica psicoanalitica registra regolarmente: la mancanza può essere vissuta come un tormento quando anela alla sua negazione sempre differita e, di fatto, impossibile, ma può essere altresì una potenza affermativa quando è vissuta come espressione della forza del desiderio che non dipende dalla rincorsa dell'oggetto ma che si realizza proprio in quanto spinta in atto, trascendenza attiva. Il lavoro stesso dell'analisi è finalizzato a rendere possibile il passaggio tra queste due forme della mancanza. Per questa ragione esso implica l'arresto della metonimia del desiderio per far sorgere una versione inedita del desiderio che non sia più antagonista al godimento, ma si configuri come il modo singolare per rendere il godimento generativo e non dissipativo, godimento di vita e non di morte.

L'esperienza clinica mostra a Lacan che il moto della pulsione non può essere ridotto all'istanza del desiderio. L'eccesso del godimento è un reale che non può essere assorbito, come abbiamo già visto, nella dialettica del desiderio. È la lezione che egli assorbe dalla linea Freud-Sade-Bataille-Sartre: la libido freudiana non coincide affatto con il desiderio come desiderio dell'Altro; la volontà di godimento come forma libertina della Legge prescinde da ogni forma di legame con l'Altro; il dispendio di Bataille definisce un godimento Uno che si dissolve nel consumo illimitato di se stesso senza più alcuna relazione con l'Altro. È un dato della struttura: la pulsione alla sua radice non è in rapporto all'Altro, ma alla sua stessa spinta. La pulsione gode del suo stesso moto, i suoi oggetti sono solo delle lacune, dei vuoti del corpo, che consentono di rendere il suo movimento costante e senza fine. Per questa ragione Lacan ha potuto affermare che, dal punto di vista della pulsione, il soggetto è sempre felice.[74]

Il godimento della pulsione non conosce termine, non conosce misura, pausa, intermittenza, è sempre in atto. In primo piano non è qui l'eccedenza – la trascendenza – del desiderio, ma la pura immanenza di un godimento che ruota autisticamente attorno a se stesso, che Lacan ha definito come godimento Uno per sottolineare la sua divergenza dal desiderio, che, invece, è strutturalmente in rapporto al segno del desiderio dell'Altro. La macchina del corpo pulsionale – come chiariranno più radicalmente Deleuze e Guattari[75] – è impersonale: il corpo gode sempre e solo di se stesso, è, appunto, godimento dell'Uno senza l'Altro.

Nondimeno, in chiusura di *Sovversione del soggetto* Lacan ci aveva introdotto al reale del desiderio – un desiderio non afflitto dalla negatività della mancanza e non consumato dalla dimensione corrosiva del godimento mortale –, che però non coincide con il reale del godimento incestuoso, ovvero con la spinta della pulsione a voler godere di tutto. In chiusura di questo testo Lacan sostiene infatti che la Legge della castrazione, alla quale il desiderio corrisponde, non significa affatto mutilazione, amputazione, repressione del desiderio, ma rafforzamento della sua forza propulsiva, possibilità di unire e non di opporre il desiderio stesso al godimento: "La castrazione vuole dire che bisogna che il godimento sia rifiutato perché possa essere raggiunto sulla scala rovesciata del desiderio".[76]

In questa formulazione, come si vede, il desiderio non è più associato alla domanda hegeliana del riconoscimento – non è desiderio come desiderio dell'Altro – e non è più nemmeno ridotto al cattivo infinito della metonimia della mancanza a essere –, non è dispendio di se stesso, rovinosa spinta a consumarsi. Esso si profila piuttosto in una forma inedita che rende possibile un accordo generativo con il godimento – "rifiutato" e, nello stesso tempo, "raggiunto" – a partire dalla soggettivazione della Legge della castrazione, la quale – occorre sempre ricordare – per Lacan non è dispotica, non è nemica né del desiderio né del godimento, ma è la condizione di fondo per un loro accordo singolare. È solo, come scrive, "sulla scala rovesciata" di questa Legge che il soggetto può, facendo il lutto del godimento mortale e incestuoso della Cosa – del godimento del "tutto" –, raggiungere un desiderio in grado di realizzarsi, di essere generativo. È il modo con il quale a più riprese Lacan ha tradotto, con diverse variazioni, il celebre detto di Freud "*Wo Es war, soll Ich werden*" con il quale il padre della psicoanalisi definisce, come abbiamo già accennato, il compito ultimo di un'analisi. Anziché leggere questa formula come un programma di rieducazione – una normativazione morale-disciplinare da parte dell'Io dell'irrazionalità dell'Es –, dunque una lettura moralistica del godimento come una sostanza pericolosa che deve essere bonificata, egli vi vede la dichiarazione di una nuova possibile alleanza tra il soggetto e l'Es. Non si tratta di colonizzare la forza pulsionale dell'Es attraverso un suo adattamento forzato al principio di realtà di cui l'Io sarebbe il rappresentante interno, ma di accogliere questa forza, di *farsi essere* proprio laddove essa scaturisce. Anche in questo caso Lacan segnala l'esistenza di un desiderio affermativo che non si istituisce come un'alternativa religiosa al godimento ma che lo implica profondamente. È questo il reale del desiderio, l'indistruttibilità del *desiderio come eccedenza*. Si tratta, appunto, nell'esperienza dell'analisi, di convertire la pulsione nell'ordine etico di questa eccedenza, dunque di ridefinire il legame del soggetto con il proprio essere di godimento.

Il riconoscimento della provenienza del desiderio dal desiderio dell'Altro – dimensione insuperabile nell'anamnesi storica del soggetto – non esclude l'acquisizione singolare di un desiderio sganciato dal desiderio dell'Altro, mio proprio, come si esprime una volta Lacan: il desiderio non è, infatti, solo desiderio simbolico del desiderio dell'Altro, ma desiderio reale di avere un mio proprio desiderio.[77] In questo caso, l'esperienza del riconoscimento come culmine simbolico della dialettica del desiderio si torce in un'invenzione singolare: il desiderio inedito che si produce alla fine di un'analisi è una forza che ha trovato una forma nuova. Pulsione e desiderio non sono più antinomici, ma appaiono annodati: la forza della pulsione trova la sua forma nuova nell'ordine etico del desiderio.

Come si vede da questa rapida disamina del concetto di desiderio in Lacan, risulta necessario evitare la contrapposizione scolastica di desiderio e godimento. Per un verso, come abbiamo visto, il desiderio porta con sé un eccesso che sfocia nel godimento: la metonimia del desiderio consuma il soggetto, lo conduce verso la morte, è espressione di una disperata vitalità che tende a distruggere la vita. Per un altro verso, però, come vedremo ancora meglio più avanti, il godimento non può a sua volta essere ridotto alla pura dissipazione della vita. Esiste un godimento che non evoca necessariamente la pulsione di morte, quanto piuttosto, come direbbe Fachinelli, l'esperienza della gioia, l'accoglienza della potenza dell'Es, l'apertura fatta di meraviglia al suo orizzonte marino.[78] Si tratta precisamente del passaggio dal godimento come eccesso al godimento come gioia reso possibile dalla conversione della pulsione all'ordine etico del desiderio. Se il godimento mortale è il godimento incestuoso del "tutto", godimento perverso, godimento assoluto che non si riunisce al desiderio ma si manifesta solamente come distruzione del desiderio, esiste una gioia del godimento che sorge proprio quando la pulsione si converte al desiderio.

Il reale come resto

La tensione tra oggetto e Cosa ci aveva condotti a distinguere il reale come resto (l'oggetto) dal reale primordiale (la Cosa) che l'azione del significante negativizza e ritaglia. Sicché il simbolico di Lacan non è semplicemente in opposizione al reale, ma è ciò che genera il reale come, appunto, resto irriducibile della propria azione. Questo condurrà Lacan a ritenere che, mentre il potere letale del significante consiste nel derubare l'organismo vivente del suo godimento, il suo taglio – il taglio del significante – iscrive, nello stesso tempo, il godimento nel corpo, diviene esso stesso, per usare le sue parole, "causa del godimento".

Questo cambiamento di discorso conduce Lacan, nel corso del *Seminario X*, a definire nel dettaglio la genesi dell'oggetto-resto, dell'oggetto piccolo (a) come oggetto causa del desiderio. In questo *Seminario* in primo piano non è il desiderio come manifestazione della mancanza a essere della soggettività, ma l'oggetto che la causa. Dunque, se la svolta teorica del *Seminario VII* conduce dal primato del grande Altro a quello della Cosa del godimento, la svolta in opera nel *Seminario X* conduce dal primato del soggetto del desiderio a quello dell'oggetto piccolo (a) come *oggetto causa del desiderio*. Il reale si riconfigura adesso a partire da questa nuova causalità che sovverte una rappresentazione ingenuamente intenzionale del desiderio come movimento che si dirige dal soggetto verso un oggetto che costituirebbe la sua mira.[79]

Quello che Lacan struttura nel *Seminario X* è un processo di soggettivazione che presuppone il primato dell'oggetto piccolo (a) e non quello del soggetto. Questo primato non ha ovviamente nulla a che vedere con l'oggetto delle cosiddette relazioni oggettuali al centro di molte riflessioni post-freudiane, né con l'oggetto empirista-materialista della ragione filosofica tradizionale. L'oggetto di cui Lacan scandaglia lo statuto non appartiene, infatti, al campo dell'oggettualità. La sua promozione non è gnoseologica, ma strettamente clinica. L'alternativa filosofica classica tra materialismo (indipendenza oggettiva dell'oggetto dal soggetto) e idealismo (dipendenza dell'oggetto dall'attività del soggetto) viene spiazzata dall'idea che esiste un oggetto che causa la dimensione più singolare del soggetto. Non si tratta di definire filosoficamente lo statuto ontologico dell'oggetto (la sua indipendenza o la sua dipendenza dall'attività percettiva o ideativa del soggetto), ma si tratta di verificare la sua incidenza nella costituzione stessa del soggetto dell'inconscio.

La mossa sovversiva di Lacan in questo contesto consiste nel situare l'oggetto alle spalle del soggetto rovesciando in questo modo la rappresentazione della soggettività come intenzionalmente predisposta verso un oggetto. Ricordiamo che, per esempio, secondo i termini più classici della fenomenologia di Husserl, la disposizione della coscienza è sempre intenzionale, è sempre quella di essere "coscienza di", dunque "desiderio di". Sostenendo invece il primato dell'oggetto piccolo (a) come oggetto causa del desiderio, si genera un perturbamento fondamentale dell'intenzionalità del desiderio. Lacan ricorda che questa nuova centralità dell'oggetto è ribadita in modo paradigmatico sia dal feticismo sia dalla melanconia. In entrambe queste posizioni soggettive, in primo piano troviamo, infatti, la funzione dell'oggetto, dalla quale il soggetto si trova a dipendere radicalmente. Nel feticismo nella forma più evidente, per cui il desiderio sessuale del soggetto viene determinato nella sua esistenza dalla presenza di un oggetto-feticcio senza la quale esso non sarebbe in grado di sostenersi: il desiderio del feticista dipende infatti dalla presenza esclusiva di un determinato feticcio. Senza questa presenza il soggetto resterebbe privato del suo stesso desiderio. Non è dunque il desiderio del soggetto a dirigersi verso l'oggetto, ma è l'oggetto che detta i tempi e i modi al desiderio del soggetto. Nella melanconia, invece, l'oggetto perduto, anziché separarsi dal soggetto, resta a esso incollato sovrastandolo e rendendo impossibile il lavoro del lutto come lavoro di separazione dall'oggetto. In questo secondo caso, Lacan non solo sostiene, come riteneva già Freud, che l'ombra dell'oggetto perduto cada sull'Io, ma che il soggetto si trovi a coincidere nella sua stessa esistenza con l'oggetto perduto. Anziché essere estratto dal soggetto per essere collocato nel campo dell'Altro, l'oggetto melanconico sovrasta il soggetto, riducendo quest'ultimo a essere esso stesso un oggetto-perduto, un oggetto-scarto. Più precisamente, nella melanconia, venendo meno il processo di estrazione dell'oggetto dalla Cosa, il soggetto è sottomesso più alla Cosa che non all'oggetto. In questo senso la melanconia – così come accade, per vie diverse, con il feticismo – sarebbe un tentativo disperato di rigettare l'angoscia della perdita che il passaggio dalla Cosa all'oggetto necessariamente implica.

Nell'insegnamento più classico di Lacan, il linguaggio viene descritto come un "bagno" nel quale l'essere umano è da sempre immerso. Questo significa che non esiste soggetto che non sia assoggettato ai significanti dell'Altro. Con la precisazione che questo assoggettamento non è l'alienazione di un'essenza umana pre-esistente (come accade, per esempio, nell'alienazione di Feuerbach o del giovane Marx), ma una negativizzazione strutturale del suo essere. L'azione del significante genera il soggetto in quanto sbarrato: rappresentato da un significante presso un altro significante. Nel corso del *Seminario X* si assiste invece a una prima forte problematizzazione di questo schema: l'Altro non sarebbe tanto un "bagno" nel quale siamo immersi quanto piuttosto un "taglio". Le immagini della catena, della rete, del campo, delle quali Lacan si era servito negli *Scritti* per designare il linguaggio, lasciano il posto a quella del colpo traumatico, della cesoiata, del taglio, appunto. Quello che emerge chiaramente è che l'apparizione dell'oggetto piccolo (a) si configura come l'esito reale di questo taglio, come *resto* e *causa* dell'azione letale del significante. È una nuova versione del concetto di reale che non coincide più con la Cosa ma definisce l'oggetto come resto della Cosa. Se nel *Seminario VII* la causa era associata al vuoto – la Cosa, in quanto patisce del significante, si svuota, si negativizza, diviene non-Cosa e la sua perdita sospinge il desiderio alla sua ricerca sino al limite del dispendio e dell'effrazione delle barriere del simbolico e dell'immaginario –, nel *Seminario X* Lacan sembra rendere ancora più consistente la perdita della Cosa trasformandola in una vera e propria causalità, trasfigura in altre parole la Cosa in Causa, il resto di *das Ding* nell'oggetto piccolo (a) causa del desiderio. Questo significa spostarsi dal piano fenomenico dell'oggettualità a quello strutturale, propriamente psicoanalitico, dell'*oggettalità*.[80] Il desiderio non si rivolge più dialetticamente verso l'Altro, né si muove in direzione del suo oggetto inafferrabile, ma appare sospinto da dietro, causato appunto dall'oggetto perduto. Non è più "desiderio di", ma desiderio "causato da", non è più una metonimia infinita, priva di bussola, ma una sorta di tracciato predestinato.

Alla dimensione inquieta del desiderio come desiderio metonimico d'Altro si sostituisce il vincolo che aggancia il desiderio allo stesso oggetto come resto indistruttibile della Cosa. Mentre la metonimia del desiderio tende a convergere sul carattere fallico e idealizzato dell'oggetto – quello che nel *Seminario VIII* Lacan definisce come oggetto agalmatico (*agalma* in greco antico significa l'oggetto più prezioso, l'oggetto degli dèi)[81] –, l'oggetto del *Seminario X* – l'oggetto causa del desiderio – fissa invece il desiderio sul resto reale della Cosa. L'oggetto piccolo (a) è il risultato di un taglio separatore e non di un'alienazione. Il desiderio ha la sua condizione in un oggetto e non in un soggetto, nel resto reale dell'oggetto e non nella dimensione simbolica del desiderio dell'Altro. Nondimeno, questo oggetto non avrebbe esistenza senza l'azione dell'Altro poiché è solo il taglio del significante a separare l'oggetto causa dal soggetto. Se, dunque, l'oggetto-causa, per un verso, risulta irriducibile all'Altro – il suo statuto è reale e non simbolico –, resta, per un altro verso, generato dall'Altro. Lacan è preciso su questo punto: "L'oggetto definito come un resto irriducibile alla simbolizzazione nel luogo dell'Altro dipende tuttavia da questo Altro".[82]

Ritroviamo qui tutta l'antica problematica freudiana della limitazione della libido – prodotto della Legge della castrazione – e della sua fissazione pregenitale – antagonista a quella Legge – che egli ha sviluppato con forza nei *Tre saggi sulla teoria sessuale* e che si trova a fondamento della teoria lacaniana dell'oggetto piccolo (a). Il reale di quest'oggetto-resto non precede il significante, ma è generato dal significante pur mantenendosi eccentrico al significante. Per questa ragione, come abbiamo già fatto notare, nel *Seminario VII* il reale della Cosa non viene concepito mai da Lacan come pre-significante, ma, precisamente, come "ciò che patisce del significante". Ebbene, è proprio questo "patimento" che viene ritrascritto, dal *Seminario X* in avanti, come il "pathos di un taglio".[83] Sicché la condizione di ogni processo di soggettivazione dipende dal carattere singolare di questo taglio, essendo il taglio ciò che lo inaugura e ciò che ne caratterizza strutturalmente il destino. È infatti solo nell'impatto con il taglio del significante che il soggetto acquista la sua singolarità. In questo senso la "separtizione" (*séparti-tion*), provocata dal taglio, precede e istituisce ogni possibile movimento di separazione.[84] Si tratta di una separazione interna, della perdita di una parte, di un frammento di sé, di un pezzo del proprio corpo, che determina l'esteriorizzazione, la cessione, la delocazione di questa parte perduta – dell'oggetto piccolo (a) – nel campo dell'Altro. Sicché è solo il taglio della separtizione che rende possibile il transfert primario dell'oggetto nel campo dell'Altro. Laddove questo taglio non si effettua, il transfert è reso impossibile e il soggetto si trova sommerso da un godimento non ritagliato dal significante, non separato, non limitato dal simbolico. È questa la clinica delle psicosi nella quale l'oggetto non si è separtito dal soggetto, non è perduto, non si è trasferito nel campo dell'Altro. Per questa ragione un paziente psicotico può allucinare costantemente un odore di merda supponendo che esso provenga dal proprio corpo: perché si trova nell'impossibilità di *separtirsi* dal proprio oggetto anale. Diversamente da quello che può accadere nella clinica della nevrosi, dove l'oggetto anale viene estratto simbolicamente dal corpo del soggetto e trasferito nel campo dell'Altro in quanto domandato dall'Altro.[85] In questo caso il godimento singolare della ritenzione anale non può infatti mai essere distinto dalla fissazione del soggetto alla domanda dell'Altro.

Questo significa che, se nelle psicosi l'oggetto piccolo (a) non è collocato nel luogo dell'Altro ma tende ad aderire al soggetto, il nevrotico è colui che, in un'operazione fantasmatica, colloca l'oggetto nel campo dell'Altro grazie al taglio che il significante ha esercitato sul godimento. Per questo nell'isteria il desiderio del soggetto si mostra irriducibile a ogni domanda e a ogni oggetto ("Non è mai questo che desidero", "Niente mi definisce") sebbene non cessi di rivolgersi verso l'Altro, sebbene non cessi di mostrarsi all'Altro come desiderio insoddisfatto. Nella nevrosi ossessiva, invece, è la domanda che si configura come limite del desiderio. Il soggetto soddisfa perpetuamente la domanda dell'Altro, facendo "tutto per l'Altro", istituendosi come servo della domanda dell'Altro, ma solo per evitare l'incontro con la contingenza traumatica del desiderio dell'Altro.[86]

Lo psicotico mostra cosa accade quando la separtizione non è attiva. Il soggetto si trova inchiodato nella posizione dell'oggetto del godimento dell'Altro. L'oggetto non viene ritagliato dal significante, non viene trasferito, esteriorizzato, delocalizzato nel campo dell'Altro perché è il soggetto che diviene oggetto del godimento abusivo e invasivo dell'Altro. Il reale non assume così il carattere del resto – dell'oggetto piccolo (a) –, perché non è stato separtito irreversibilmente dal corpo del soggetto. Esemplare è il caso della melanconia, dove è il soggetto stesso che viene ridotto all'oggetto-scarto – alla coincidenza assoluta con l'oggetto piccolo (a), come si esprime Lacan[87] –, a segnalare il fatto che l'oggetto non è stato ceduto all'Altro, non si è delocalizzato nel suo campo. Allora è il soggetto stesso a essere ridotto a oggetto, al reale dell'oggetto scarto, all'Uno senza l'Altro. La vita si dissocia dal senso, perde senso, poiché il reale puro del non senso trionfa. È quello stesso reale che era apparso a Lacan per la prima volta nella gola di Irma. Mentre, dunque, nella nevrosi il ritorno del godimento può avvenire solo in quanto perduto – in quanto incontro mancato –, nelle psicosi il ritorno del godimento coincide con la ripetizione del godimento dell'Altro che soverchia il soggetto riducendolo a un suo oggetto esclusivo.

Infine, il perverso è colui che si costituisce attraverso la propria "volontà di godimento" come un oggetto (per questo per Lacan il masochismo è la configurazione pura della perversione)[88] capace di generare angoscia e divisione nell'Altro al fine di negare risolutamente la propria. Il perverso rinnega, infatti, la Legge della castrazione sostituendo a questa Legge la propria "volontà di godimento", elevando cioè la pulsione alla dignità di una Legge che si situa al di là della Legge degli uomini.

L'ultimo reale: il godimento Uno

Abbiamo più volte ribadito che, nella prospettiva di Lacan, il reale del godimento non coincide con una dimensione pre-linguistica della vita, con una qualunque forma di naturalismo pre-significante: "Il godimento," afferma Lacan senza indugi, "non può in nessun modo essere ridotto a un naturalismo".[89] Questo significa, come abbiamo visto ampiamente, che la pulsione non è un reale che viene prima del significante perché anche le pulsioni sono condizionate dal fatto che "l'uomo nasce in un bagno di significanti".[90] In altri termini, come specifica sempre Lacan, "di godimento è possibile parlare solo nella misura in cui esso sia legato all'origine stessa dell'entrata in gioco del significante".[91] Dunque non c'è nulla di naturale, né nulla di originario nel godimento. È l'errore fatale del perverso crederlo, esigendo di poter attingere a un godimento assoluto, separato dalla mancanza e dal desiderio, al fine di poter preservare la sua "vicinanza della Cosa".[92] È l'apatia della volontà a cui si vota il rigorismo ascetico di Kant e la volontà come pura volontà di godimento – come "Legge della Legge" – del marchese de Sade. Ma contro l'illusione perversa Lacan ricorda costantemente l'impossibilità del tutto, il fatto inaggirabile che "niente è tutto". Ed è sempre per questa ragione che non si stanca di ripetere che l'esperienza del primo soddisfacimento – il godimento della Cosa – è un'esperienza mitica, destinata a cancellarsi proprio laddove si realizza, impossibile da ritrovare. Non esiste, infatti, godimento assoluto della Cosa se non nella traccia che la sua cancellatura ha sedimentato, nell'impossibilità, appunto, di cancellare la traccia di quella cancellatura. È il nesso profondo che unisce il significante (cancellatura) al reale inteso come resto della Cosa: dove c'è significante – martella Lacan dall'inizio alla fine del suo insegnamento – c'è vuoto, perdita della Cosa, buco nel reale primordiale. È la natura strutturalmente melanconica del linguaggio o, se si preferisce, il carattere "deludente" dell'ordine simbolico.[93] È il taglio traumatico del significante a determinare, oltre alla perdita irreversibile della Cosa, il suo resto irriducibile come impronta che orienta il cammino del soggetto nel mondo.

Dopo i passaggi cruciali del *Seminario VII* e del *Seminario X*, la funzione del significante radicalizza quel doppio movimento che abbiamo rintracciato come filo rosso che attraversa il pensiero di Lacan circa il rapporto tra il significante e il godimento. Il significante, come si è già affacciato in quei due passaggi, non è più solo ciò che negativizza il godimento, ma è anche ciò che, proprio mentre lo negativizza in quanto godimento assoluto, ne "inietta" il resto irriducibile nel corpo del soggetto. Da questo punto di vista, l'ultimo Lacan sospinge il taglio del significante più verso la dimensione de lalingua (*lalangue*) e al carattere asemantico della "lettera" che non verso il sistema del linguaggio.

Una prima importante mossa in questa direzione si compie nel corso del *Seminario XVII*, dove viene affermata un'affinità fondamentale tra il marchio asemantico del significante e il godimento del corpo.[94] Troviamo qui di nuovo la doppia funzione che Lacan riconosce al significante che, se da una parte limita il godimento circoscrivendolo nel luogo del suo taglio – ordina, in altri termini, il godimento nelle zone erogene del corpo: orale, anale, fallica, scopica e vocale –, dall'altra parte però lo causa, lo localizza e lo condensa: è dalla perdita di godimento imposta dal significante che, come afferma, "il più di godere – l'oggetto piccolo (a) – prende corpo".[95] Se ancora in *Radiofonia* il rapporto tra il significante e il corpo viene descritto come una "rapina" (il significante sottrae al corpo l'assoluto del suo godimento),[96] al contempo è proprio laddove questa rapina si esercita che il significante sedimenta nel corpo un resto di godimento singolare. Questo sedimento coincide, come abbiamo già ricordato, con una vera e propria "devastazione" che il Verbo provoca nell'organismo vivente. In gioco è un marchio traumatico di godimento che, una volta tracciatosi, non cessa di ripetere la sua tracciatura. Per questa ragione Lacan può radicalizzare la sua concezione dell'inconscio (classicamente strutturato come un linguaggio) sostenendo che "l'inconscio è l'essere che parlando gode".[97] A testimoniare che il significante non si oppone più semplicemente al reale del godimento ma è ciò che lo veicola. Esso non è solo principio di limitazione del godimento, ma diviene altresì "mezzo di godimento", ciò che commemora ripetitivamente l'irruzione del significante nel corpo.[98]

Non a caso nel *Seminario XIX* emerge come centrale la figura dell'Uno. "*Il y a de l'Un*" – come affermerà con insistenza Lacan da qui in avanti – non evoca però più l'Uno narcisistico dell'immaginario, quello che presiede i processi di identificazione, né quello perseguito, altrettanto immaginariamente, dal movimento unificante di Eros, né tantomeno indica l'Uno del godimento fallico. Piuttosto Lacan si riferisce qui all'Uno come tratto singolare – come Uno non chiuso – che, a partire dall'impatto del significante sul corpo del soggetto, ne definisce la differenza assoluta.

Dunque, ben consapevole dei rischi che comportava la riabilitazione della categoria di Uno, Lacan avvertirà la necessità di specificare puntualmente che esistono diversi statuti dell'Uno: l'Uno dell'identità immaginaria del "*moi*" (Io) che comporta un'illusione di compiutezza, l'Uno dell'unificazione promossa da Eros che comporta un'illusione di fusione, l'Uno del godimento fallico che, come vedremo meglio nel prossimo capitolo, comporta l'illusione dell'esistenza del rapporto sessuale. Ebbene, questa serie di Uni non ha nulla a che fare con l'Uno che si genera dal taglio traumatico del significante. Se Lacan afferma l'esistenza del godimento Uno come nuova declinazione del reale è proprio perché non si dà alcuna possibilità per la realtà umana, descritta come un "parlessere", di fare o di essere Uno con l'Altro. Anzi, l'essere dell'Uno – il "c'è" dell'Uno – è proprio ciò che impedisce al Due di fare Uno. Se nella tradizione filosofica la figura dell'Uno ha sempre implicato l'ideale di una totalizzazione compiuta, di un Essere sovrasensibile sottratto alla contingenza del molteplice – si pensi, per fare un solo ma significativo esempio, all'Uno di Plotino e della tradizione neoplatonica –, l'Uno di Lacan, nella misura in cui si manifesta solo come un accadere privo di sostanza ("c'è dell'Uno"), rientra nel registro del *quod sit* ("c'è"), che non a caso il linguaggio ontologico medievale opponeva al *quid sit* ("cos'è"), che resta invece profondamente compromesso con una nozione ancora metafisica ed essenzialista dell'Uno.[99] Piuttosto l'Uno di Lacan, per come viene descritto nel *Seminario XIX*, è un altro modo di dire e di affermare il carattere irriducibile della differenza soggettiva.[100] Per questa ragione, in modo volutamente paradossale, Lacan può affermare che l'Uno sorge solo come effetto di una mancanza dell'Uno.[101] Questo significa che la differenza genera un effetto di soggettivazione che non può essere assimilato né all'identificazione come processo immaginario-narcisistico, né al riconoscimento simbolico, di origine dialettica, che ha come suo perno il desiderio dell'Altro più che la singolarità irriducibile del soggetto.

Per un verso la clinica della psicoanalisi rivela come l'identità possa apparire come una solidificazione dell'identificazione per eccesso di alienazione – la nevrosi ossessiva può, da questo punto di vista, essere considerata un paradigma –, ma per un altro verso si può pensare alla differenza del soggetto – come prova a fare l'ultimo Lacan – come a un'identità che ha singolarizzato l'identificazione rendendola, appunto, unica.[102] In questo senso il lavoro dell'analisi destituisce l'identità alienata dell'Io per far sorgere un altro principio di identità, non più sostenuto dalla captazione immaginaria, né dal riconoscimento simbolico, ma dalla singolarizzazione del proprio desiderio e del proprio godimento.

La storicità del soggetto che Lacan poneva come fondamento di ogni processo di soggettivazione non viene qui negata, ma si deve riarticolare attraverso una nuova concezione del sintomo. Mentre per il Lacan di *Funzione e campo* il sintomo era una "pagina storica" del soggetto che si trattava di leggere per riordinarla in un processo compiuto di storicizzazione, adesso accanto a questa funzione storica del sintomo emerge anche il suo nucleo reale, ovvero il suo stretto rapporto con il godimento. Per questo Lacan potrà affermare in modo volutamente paradossale che il "senso del sintomo è il reale".[103] Questo significa problematizzare la sua idea iniziale del sintomo come metafora – "significante di un significato rimosso dalla coscienza del soggetto," secondo una sua celebre formula[104] – e come messaggio rivolto all'Altro che attende di essere decifrato, includendovi anche l'idea del sintomo come organizzazione inconscia del godimento. Allora l'identità del soggetto non può più essere reperita né sul lato dell'identificazione immaginaria, né su quello del riconoscimento simbolico, ma sul lato del sintomo come modalità soggettiva di dare una forma al proprio godimento singolare. È l'indicazione che l'ultimo Lacan dà allo psicoanalista: come si tratta il reale del sintomo in un percorso di analisi se la sua struttura non può essere risolta nella figura retorica della metafora e se la sua funzione non è solo quella di veicolare un messaggio inconscio che attende la sua traduzione ermeneutica? Si trasforma il sintomo nel nome proprio del soggetto. In questa prospettiva il reale del sintomo è la risposta di Lacan all'idea classicamente freudiana del sintomo come formazione di senso. Se la traduzione del senso del sintomo come ritorno del rimosso espone l'interpretazione dell'analista a un processo inesauribile – il senso del sintomo, come l'associazione libera, non conosce mai un termine ultimo –, il reale dell'incontro con il desiderio dell'analista può modificare il reale del sintomo. Lacan definisce come "reale del sintomo" ciò che resta del sintomo dopo la sua decifrazione. Per questo l'attività di decifrazione non viene semplicemente accantonata, ma risulta essenziale per circoscrivere ciò che del sintomo rifiuta di essere tradotto, ovvero il suo nucleo più reale. Il reale è qui, infatti, la parte ininterpretabile – per Freud economica: "l'irresistibile potere del fattore quantitativo"[105] – del sintomo. Per questa ragione il sintomo resta ancorato allo Stesso rigettando le metamorfosi del senso.

L'ultimo Lacan usa l'espressione *fixion* per distinguere il sintomo come metafora-messaggio dal sintomo come luogo di godimento. La lettera, diversamente dalla metafora, non si decifra: è la parte del significante asemantica che resta fissata al soggetto. La lettera lascia una traccia (S_1) che non può essere più ricondotta a un nuovo sapere (S_2). C'è infatti, come già Freud aveva avuto modo di constatare, qualcosa di inamovibile, di ripetitivo, nel sintomo. È quello che specifica il sintomo rispetto a tutte le altre formazioni dell'inconscio: dura nel tempo, manifesta una costanza e un'inerzia che non si lasciano dialettizzare simbolicamente. Questa insistenza di Lacan sul sintomo come ripetizione monotona di godimento impedisce la riduzione della psicoanalisi a un'ermeneutica. È quello che egli definisce "inconscio reale" contrapposto all'inconscio "strutturato come un linguaggio".[106]

Ma è con la nozione di "sinthomo" che Lacan metterà l'accento non solo sul reale come ripetizione-fissazione, ma anche sul reale come invenzione singolare, avvento possibile del soggetto. In mancanza del Nome del padre – dell'Altro garante dell'Altro –, il soggetto deve farsi un nome da se stesso. È l'*art-geuil* ("art-goglio") di Joyce: attraverso la pratica della scrittura James Joyce, bambino scaricato dal padre, inventa un proprio nome, genera orgogliosamente la propria singolarità attraverso la pratica della scrittura.[107]

Nella figura del sinthomo Lacan trova un reale che risponde al reale. Non è più una fissazione di godimento, ma un'invenzione che dà una nuova forma al godimento stesso. Nondimeno, questa invenzione non avviene dal nulla ma implica una ripetizione. L'inconscio reale impone il sintomo come necessario. La traccia del godimento viene dall'Altro, ma è anche ciò che separa il soggetto dall'Altro. Il compito dello psicoanalista non è solo quello di decifrare, delucidare, rivelare il significato del materiale rimosso, ma di toccare il piano della pulsione, di toccare il reale. Le sedute corte che nella sua pratica Lacan via via sostituisce alle sedute a tempo variabile hanno questa finalità ultima: rispondere con il reale al reale, in modo tale che sia proprio nel tempo dell'analisi che il soggetto possa riscrivere la propria traccia. Questa seconda traccia – promossa dall'analisi – è l'esito della separazione prodotta dall'attraversamento dei significanti dell'Altro che hanno determinato l'alienazione inaggirabile del soggetto. Si tratta, in altre parole, come Lacan stesso ci ha ricordato, di produrre un desiderio convertito alla pulsione, una conversione della pulsione all'ordine etico del desiderio. È l'effetto di una separazione dall'Altro che rende possibile un'enunciazione singolare finalmente non più assoggettata alla domanda dell'Altro e all'illusione di poter raggiungere l'oggetto del desiderio (che non esiste). È un insegnamento della clinica della nevrosi: l'alienazione al desiderio dell'Altro si genera quando la ricerca del segno di riconoscimento ha il sopravvento sulla ricerca del proprio desiderio. Diversamente, è la testimonianza paterna che dovrebbe avere il compito di favorire la soggettivazione del proprio godimento e del proprio desiderio. Se il Nome del padre non può più garantire l'essere del soggetto, in primo piano viene allora il valore del desiderio del padre, della sua testimonianza singolare, del suo rapporto irriducibile con il proprio oggetto piccolo (a). È questa una versione del padre che contrasta con la dimensione trascendentale del padre elevato al significante del Nome del padre e che possiamo reperire al termine del *Seminario X*, quando Lacan afferma che il padre è

> un soggetto che è andato abbastanza in là nella realizzazione del suo desiderio da reintegrarlo nella sua causa, qualunque essa sia, ovvero in quanto c'è di irriducibile nella funzione di (a).[108]

In gioco è qui il grande tema freudiano – ripreso in modo originale – dell'eredità. Cosa significa, si chiede Lacan nel *Seminario XXIII*, diventare un giusto erede, cosa significa incarnare un'"eresia giusta"? La soggettivazione non può prescindere dal marchio del trauma. Ma questo marchio, anziché innestare una ripetizione distruttiva, può essere assunto come nome proprio del soggetto. È quello che abbiamo visto accadere al Genet di Sartre. È la stessa funzione del sinthomo che Lacan reperisce in Joyce. È la necessità di fare della ripetizione una firma del soggetto.

Siamo qui di fronte a un nuovo modo di concepire il termine di un'analisi. Se per un verso la fine dell'analisi implica l'assunzione decisa della negatività del soggetto, ovvero della sua mancanza a essere, della sua separazione dai significanti della domanda dell'Altro e della mancanza dell'Altro – non esiste Altro dell'Altro, non esiste Altro della garanzia –, per un altro verso la conclusione di un'analisi si può leggere anche sul lato positivo di una realizzazione. In questo modo l'esperienza della negatività si ribalta in un'inedita capacità affermativa. Il soggetto può verificare la possibilità di dare un senso nuovo alla propria ripetizione, ai marchi che hanno tracciato il proprio destino. Non si tratta, dunque, di una liberazione dalla ripetizione, ma di una sua torsione singolare. Grazie a questa torsione Lacan concepisce il sinthomo non come una formazione di senso – come una metafora – ma come la possibilità di convertire la pulsione nell'ordine del desiderio rendendo possibile una nuova soddisfazione.

3.
Il reale del non rapporto e quello dell'incontro

> "Per il parlessere, la sessualità è senza speranza."
>
> J. Lacan, *Il trionfo della religione*

L'inesistenza del rapporto sessuale

Come abbiamo ampiamente visto nel capitolo precedente, il registro del reale non può essere declinato in un solo senso. Lo stesso discorso vale per le figure altrettanto cruciali del desiderio e del godimento. Bisogna insistere su questo punto che scoraggia la tentazione di ogni *reductio ad unum*: esistono diverse possibili declinazioni del reale così come esistono diverse possibili declinazioni del desiderio e del godimento. Da questo punto di vista la tesi divenuta celebre di Lacan circa l'inesistenza del rapporto sessuale ci introduce a una declinazione del reale molto differente da quella che abbiamo incontrato sinora. Non si tratta più del reale incandescente della pulsione preso nella sua manifestazione più diretta – come accade per esempio nella clinica della psicosi o nel godimento mortale che orienta il desiderio perverso –, ma del reale come impossibile, del non rapporto, dell'assenza, dell'inesistenza, appunto, del rapporto sessuale. Questo diverso volto del reale che Lacan dispiega con particolare decisione nel corso del *Seminario XX* non ha come epicentro l'anarchia dell'essere pulsionale, ma una mancata scrittura o, meglio, una scrittura impossibile – quella del rapporto sessuale – che il soggetto preso nel linguaggio deve constatare come una sorta di verità ultima della struttura.

Dal punto di vista genealogico la tesi lacaniana dell'inesistenza del rapporto sessuale riprende, radicalizzandola, la nota tesi di Freud secondo la quale la vita sessuale dell'uomo appare divisa tra amore e godimento. Nessuna conciliazione sarebbe possibile tra questi due estremi: l'esistenza dell'amore esclude l'essere del godimento e viceversa. Nei termini più classici proposti da Freud, la pulsione sessuale tende a divaricarsi dalla corrente di tenerezza che caratterizza invece il legame amoroso.[1] Ne consegue uno sdoppiamento dell'oggetto: l'oggetto che muove la pulsione sessuale incendiando il desiderio non può essere lo stesso che anima la costanza dell'amore. È questa la fonte della più "comune degenerazione della vita amorosa" della nevrosi, che Freud però legge come tendenza generale della vita di coppia: pulsione e amore appaiono termini inconciliabili poiché la prima rende l'oggetto "la parte più variabile"[2] del suo moto finalizzato a raggiungere una soddisfazione autistica, mentre il secondo esige il carattere insostituibile e impareggiabile dell'oggetto.

Questa tesi freudiana viene pienamente ripresa e riformulata da Lacan nel corso del *Seminario XX*, quando afferma l'assoluta eterogeneità tra godimento e amore: mentre il primo appare strettamente vincolato al moto proprio della pulsione, il secondo si rivela profondamente connesso ai segni del desiderio dell'Altro. Se, dunque, il primo ha una natura monologica, il secondo dipende da una relazione dialogico-dialettica con l'Altro; se il primo ha come sua meta il suo esclusivo godimento, il secondo persegue la soddisfazione del riconoscimento da parte dell'Altro.

L'eco freudiana, come si vede, è qui forte e chiara, ma a essa Lacan imprime un timbro inedito: non esiste alcuna possibilità di ridurre lo scarto che sussiste tra il godimento che gode di se stesso – Lacan insiste nel corso del *Seminario XX* a ribadire la natura "uniana" del godimento ("*Il y a de l'Un*") affermata già, come abbiamo visto, nel *Seminario XIX* – e la domanda d'amore che invece si nutre della risposta dell'Altro: dal punto di vista del godimento Uno, godere del corpo dell'Altro significa comunque godere del proprio corpo. In questa prospettiva, l'autoerotismo, teorizzato da Freud nei *Tre saggi* come prima stazione del cammino della libido, diviene in Lacan una sorta di legge strutturale che governa il moto della pulsione. Non si tratta dunque di una fissazione della libido che precederebbe il suo sviluppo oggettuale, ma del contenuto più proprio della libido in quanto tale. Lacan sostiene, infatti, che non esiste sviluppo oggettuale della libido perché la pulsione che la anima non conosce oggetto che non sia confuso con il proprio corpo. Per questa ragione godere è innanzitutto godere dell'Uno, godere del proprio corpo. Il non rapporto tra l'Uno e l'Altro o, in termini freudiani, la divaricazione tra pulsione e amore sarebbe così consustanziale, prima ancora che alla legge del linguaggio, alla legge della pulsione, ovvero al principio che regola il suo moto più elementare che è quello di esigere univocamente e immediatamente il proprio soddisfacimento. In questo senso, come abbiamo già visto, il Lacan degli *Scritti* poteva annunciare che, se "il desiderio viene dall'Altro, il godimento viene dalla Cosa".[3] Sarebbe, dunque, la pulsione in quanto tale – non il desiderio né, tantomeno, la domanda d'amore – a escludere la possibilità del rapporto, a rendere il rapporto impossibile. Quello che conta per la pulsione è infatti il raggiungimento della sua meta, ovvero il suo soddisfacimento, al quale l'esistenza contingente dell'oggetto è del tutto subordinata.

È questo il primo paradosso che Lacan mette in evidenza nel *Seminario XX*: *ciò che sembra opporsi all'esistenza del rapporto sessuale è proprio il godimento sessuale in quanto tale*. È, in altri termini, proprio l'atto sessuale a rendere impossibile il rapporto sessuale. Il corpo pulsionale è una "sostanza godente", è "ciò che si gode".[4] È il godimento dell'Uno a rendere impossibile il rapporto tra i Due poiché, come specifica Lacan, "si può godere solo di una parte del corpo dell'Altro, per la semplice ragione che non si è mai visto un corpo attorcigliarsi completamente, sino a includere e fagocitarlo, attorno al corpo dell'Altro".[5] È, dunque, innanzitutto il corpo come sostanza godente, come ciò che *si* gode, a escludere la possibilità che si possa scrivere il *rapporto sessuale*.

Già nel *Seminario VII*, come abbiamo visto nel capitolo precedente, il godimento si impone come una forza che esclude il rapporto e che sospinge il soggetto – come indica Sade – a oltrepassare ogni barriera difensiva sino al limite del proprio autoannientamento. Da questo punto di vista, lo sforzo per far esistere il rapporto tra l'Uno e l'Altro si connota in termini perversi perché la verità di ogni rapporto è l'inesistenza del rapporto. La perversione sarebbe allora un modo per aggirare il carattere impossibile del reale del non rapporto provando a rendere possibile l'impossibile. La passione sadiana sulla quale Lacan ritorna frequentemente nel corso del suo insegnamento esprimerebbe il fine ultimo del progetto perverso: affermare un godimento assoluto che esclude il carattere impossibile del reale, preservare la prossimità con la Cosa, negare la propria mancanza a essere. È quello che accade nel "godimento mortale", dove l'aspirazione del soggetto è catturata da un desiderio di morte e non di vita che trova la sua realizzazione estrema nell'incesto. Se il godimento sessuale diviene possibile solo per il tramite dell'interdizione del godimento incestuoso, il godimento mortale è un godimento che, rigettando ogni forma di interdizione, sprofonda la vita nella sua dissoluzione:

> Il godimento sessuale prende la sua struttura dall'interdetto che colpisce il godimento rivolto verso il proprio corpo, ossia, per la precisione, quel punto di spigolo e di

frontiera in cui confina con il godimento mortale. E il godimento raggiunge la dimensione sessuale solo se l'interdetto colpisce il corpo da cui esce il proprio corpo, ossia il corpo della madre. Soltanto per questa via si struttura e viene raggiunto nel discorso ciò che, solo, può apportarvi la legge, ossia quel che concerne il godimento sessuale.[6]

Il godimento fallico

Nel *Seminario XX* il godimento sessuale è descritto innanzitutto nella forma del godimento fallico. Questo godimento è godimento dell'Uno che esclude il rapporto e che trova la sua realizzazione più compiuta nel godimento idiota della masturbazione. È, come abbiamo visto, il tema freudiano dell'autoerotismo al quale Lacan offre un nuovo sviluppo. La condizione del rapporto sessuale non esigerebbe più la rinuncia del godimento masturbatorio nel nome di una sessualità matura o genitale, come il senso comune psicoanalitico potrebbe credere, poiché è proprio il godimento sessuale a essere polarizzato sul godimento fallico, a essere, perciò, in se stesso masturbatorio e autoerotico e a rendere, di conseguenza, impossibile il rapporto sessuale. Di qui la descrizione del godimento fallico come l'"obiezione di coscienza" – l'"ostacolo" – nei confronti dell'esistenza del rapporto sessuale: "Il godimento fallico è l'ostacolo grazie al quale l'uomo non arriva a godere del corpo della donna, precisamente perché ciò di cui gode è il godimento dell'organo".[7]

Il godimento fallico è godimento dell'organo, è

un godimento esteriore, contabilizzabile, quantificabile, godimento dell'Uno senza l'Altro; è un modo del godimento che esclude il rapporto o, se si preferisce, che riduce il rapporto tra i sessi a quello del soggetto con il proprio sesso.[8] Con la conseguenza maggiore che il partner dell'essere-per-il-sesso della vita umana non è l'Altro, ma l'oggetto piccolo (a) come resto escluso dell'Altro che si confonde con i dettagli feticistici del corpo dell'Altro. Il desiderio sessuale non è catturato dal desiderio dell'Altro ma dall'oggetto che ne causa in modo irresistibile il movimento. Il mio partner nel sesso non è l'Altro ma l'oggetto piccolo (a), dichiara senza mezzi termini Lacan.[9] È questo, come abbiamo già visto, il valore transclinico che nel *Seminario X* viene attribuito al feticismo: è l'oggetto a determinare le condizioni singolari del desiderio e non tanto il desiderio ad alimentare la ricerca del suo oggetto. Il che ribadisce il fatto che il non rapporto si iscrive nella struttura più intima del godimento fallico ordinato nel fantasma.

Se il fallo può rendere possibile l'articolazione del godimento – prodotto dalla Legge della castrazione –, non può però in alcun modo rendere possibile *il rapporto tra i godimenti*, il rapporto tra l'Uno e l'Altro. Il che significa che, se i sessi sono – come Freud ha insegnato – entrambi in rapporto al fallo, è sempre a causa del fallo che sono tra loro disgiunti e senza rapporto. È questa l'omologia fondamentale che unisce fallo, Nome del padre e linguaggio: l'esistenza del linguaggio rende impossibile l'esistenza della Cosa così come l'esistenza del fallo rende impossibile l'esistenza del rapporto sessuale. Il Nome del padre è il significante che assicura la duplice condizione della significazione del fallo e dell'azione del linguaggio sulla Cosa del godimento. In questo senso Nome del padre e linguaggio si confondono, in quanto operatori simbolici della Legge della castrazione. Siamo qui di fronte a un secondo paradosso: se l'uomo è un "parlessere", ovvero un essere preso nella rete nel linguaggio, e se, come conseguenza di questa presa, il suo essere è un essere-per-il-sesso, è altresì proprio la Legge stessa del linguaggio a definire l'impossibilità di simbolizzare (di scrivere) il rapporto sessuale.[10]

La supplenza dell'amore

La tesi di Lacan circa l'inesistenza del rapporto sessuale riconferma la disgiunzione freudiana tra la dimensione del sesso – strutturalmente autoerotica e narcisistica – e quella dell'amore – strutturalmente aperta sul Due del rapporto. Se il sesso non può staccarsi dallo schematismo autoerotico della pulsione, l'amore, invece, implicherebbe la rottura di questo schematismo e la costruzione di un legame possibile tra l'Uno e l'Altro. È questa la posta in gioco della nota affermazione di Lacan: *l'amore è ciò che supplisce all'inesistenza del rapporto sessuale*.[11]

L'ipotesi dell'amore come supplenza dell'impossibilità reale del rapporto sessuale implica, però, una profonda dissociazione di amore e narcisismo. Si tratta per Lacan di emanciparsi dalla sentenza di Freud che riduceva l'amore a un mero fenomeno immaginario legato agli inganni dello specchio. Lo sforzo del *Seminario XX* consiste nel provare a liberare l'amore dalle pastoie della specularità. Se Freud inchioda l'esperienza dell'amore al nucleo narcisistico che accompagna ogni innamoramento, Lacan sostituisce lo specchio con il muro. *L'amur*, infatti, come teorizza nel *Seminario XX*, è il contrario dello specchio perché implica l'incontro con l'alterità inassimilabile dell'Altro e non con il simile. Non si tratta però di sostituire l'inesistenza del rapporto sessuale con l'esistenza dell'amore. Piuttosto il problema che Lacan pone è se la supplenza dell'amore sia davvero in grado di mettere in rapporto il soggetto con il reale di questa inesistenza, con il muro (*amur*) del non rapporto per provare a fondare da qui l'esistenza possibile di un nuovo rapporto, per far esistere davvero l'"amore per un Altro".[12]

Nel porre l'amore come supplenza all'inesistenza del rapporto sessuale, Lacan si interroga sulla possibilità di pensare l'amore al di là degli inganni speculari, al di là dell'altalena immaginaria del desiderio, al di là dell'idealizzazione e della rivalità mortale. Se, in altre parole, l'incontro o l'evento del Due sia capace di evitare lo scoglio del feticismo dell'oggetto e l'idealismo nevrotico che eleva la rinuncia pulsionale a paradigma puro e sublime dell'amore. L'amore nevrotico resta infatti preda dell'oscillazione continua tra feticismo e idealismo. È questa la posta in gioco della supplenza amorosa: non si tratta di negare perversamente l'inesistenza del rapporto sessuale, ma di consentire alla possibilità della contingenza dell'incontro, la quale non esclude affatto l'inesistenza del rapporto sessuale, ma, come si esprime bene Badiou, la scena del Due è la scena dove "il non rapporto sessuale fa ritorno".[13] Da questo punto di vista, l'amore per Lacan non può essere confuso con una rimozione idealizzante della pulsione – non è mai, come può accadere nella nevrosi, contrapposto alla pulsione –, ma descrive la possibilità di assumere l'inesistenza del rapporto sessuale come condizione del legame erotico tra i Due. Tutto ciò comporta includere nel campo chiuso del godimento Uno la presenza dell'alterità del Due. Il che complessifica il concetto stesso di reale, che non coincide più solo con il carattere autistico del moto pulsionale, ma anche con l'impossibilità di sottrarre l'Uno alla contaminazione con l'Altro, di separare il non rapporto dal rapporto, perché è proprio l'esistenza – impossibile da evitare – del rapporto tra i Due a introdurre il soggetto al reale del non rapporto.

Il reale del Due

Quello che Freud aveva visto nel reale della pulsione è che nella sua spinta primaria essa non cerca affatto il rapporto, ma il suo soddisfacimento monadico che esclude il rapporto. La pulsione non è mai altruistica, ma, come abbiamo visto, gode solo di se stessa. È espressione di un godimento dell'Uno senza l'Altro. Eppure la vita umana si trova da sempre gettata nel rapporto, nell'impossibilità di uscire, di evadere dal rapporto. Si trova a dipendere, come si esprimeva già il Lacan più classico, "da ciò che si svolge nell'Altro".[14] Questa dipendenza non può essere negata, nemmeno dal riconoscimento che il moto della pulsione prescinde dall'Altro, poiché la pulsione non può certo prescindere dall'esistenza del linguaggio essendo essa stessa, come l'ultimo Lacan precisa, nient'altro che "l'eco nel corpo del fatto che ci sia un dire".[15]

Se l'identità sessuale si gioca sul piano delle identificazioni – dal lato dell'Altro, ovvero "dal lato degli ideali cui danno supporto le strutture elementari della parentela", dal lato della "metafora del padre come principio di separazione"[16] –, il moto delle pulsioni risponde invece alla legge del vivente in quanto tale. Per questo secondo lato, come precisa Lacan, non c'è accesso al "sesso opposto se non per la via delle cosiddette pulsioni parziali, in cui un soggetto cerca un oggetto che gli sostituisca quella perdita di vita che è la sua di essere sessuato".[17] Sicché questi due lati (il lato dell'Altro e quello del vivente) non possono essere mai del tutto disgiunti. Nondimeno, il cammino di Lacan procede emancipando lentamente la Legge della castrazione dall'Edipo freudiano. Mentre il primo tempo del suo insegnamento affermava una profonda omologia tra questa Legge e la figura normativa del padre edipico, nell'avanzare del suo magistero tale Legge si emancipa da ogni riferimento al padre per coincidere con la struttura stessa del linguaggio. Non è più il bambino che deve sperimentare la violenza simbolica del padre castratore – come accadeva nell'Edipo freudiano –, ma è il soggetto in quanto essere parlante che è obbligato a fare esperienza del godimento come impossibile. È la cesoia del linguaggio a negativizzare l'accesso a un godimento assoluto rendendo possibile solo un godimento raggiunto "sulla scala rovesciata del desiderio".[18] È proprio la perturbazione che il linguaggio esercita sul vivente a impedire alla pulsione di farsi Legge a prescindere dal linguaggio. Questo sarebbe casomai il progetto del perverso. Per questa ragione il moto pulsionale, destinato a ruotare attorno a una lacuna, a un vuoto aperto dalla perdita irreversibile dell'oggetto piccolo (a),[19] può essere solo una "pulsione parziale".[20] Più precisamente, è nella pulsione stessa che, diversamente dall'istinto che appare come un moto garantito dalla legge della Natura, possiamo isolare una mancanza costitutiva in quanto la sua attività è finalizzata a restaurare la perdita provocata dall'azione del linguaggio sul corpo vivente. Lacan è chiaro su questo punto: "Quell'attività che denominiamo pulsione (*Trieb*) è devoluta a far ruotare tali oggetti per riprendere in essi e restaurare la sua perdita originale".[21]

Questo significa che l'azione dell'Altro intacca la pulsione, la quale, come abbiamo già ricordato, non è altro, in ultima istanza, che un effetto del "dire" nel corpo del soggetto. È una tesi che in modi diversi Lacan avanza anche nella conferenza di Nizza del 1974 intitolata *Il fenomeno lacaniano*, facendo riferimento esplicito alla figura del Due.[22] È solo il reale del Due a disfare l'Ideale perversamente autistico di un godimento assoluto, esponendo inevitabilmente il soggetto al carattere "insuperabile" del rapporto con l'Altro. Il reale che egli descrive qui come "insuperabile" è infatti quello del Due che costringe l'Uno al rapporto. Il reale, afferma Lacan in uno strano testacoda rispetto al proprio stesso pensiero, non è qui quello dell'Uno, ma quello del Due che rompe l'illusione dell'Uno. Non a caso, sempre nella conferenza di Nizza, il riferimento al Due viene svolto in opposizione alla dimensione immaginaria di Eros come tendenza verso l'Uno, come spinta all'unificazione e alla conciliazione totalizzante.

Già nel corso del *Seminario VIII* Lacan aveva sviluppato una critica puntuale alla "fascinazione della forma sferica"[23] propria del mito di Eros narrato da Aristofane nel *Simposio* di Platone: l'Eros platonico mira a ricomporre le parti scisse, a ritrovare l'intero cancellando il taglio della castrazione. Amare significa amare se stessi nell'altro, "volersi il proprio bene",[24] ricongiungersi con la propria parte perduta. In questo senso la passione amorosa "in quanto miraggio speculare... ha essenza di inganno".[25] È il nucleo narcisistico dell'innamoramento che Freud aveva già isolato: l'oggetto è amato solo in quanto rappresentazione idealizzata dell'Io dell'amante. La libido deborda sull'oggetto che si situa al posto dell'Ideale dell'Io; l'oggetto, precisa Freud, nell'innamoramento "ha divorato l'Io".[26] È la natura ipnotica del legame amoroso considerato dal punto di vista dell'immaginario. Lacan la commenta a conclusione del *Seminario XI*: grande I e l'oggetto piccolo (a) convergono in una coincidenza assoluta.[27] È la natura più profonda del legame ipnotico come viene descritta classicamente anche da Freud:

> Dallo stato di innamoramento all'ipnosi il passo, evidentemente, non è lungo. Le concordanze saltano agli occhi: la stessa umile sottomissione, la stessa arrendevolezza, la stessa assenza di senso critico nei confronti dell'ipnotizzatore come nei confronti dell'oggetto amato; la stessa cessazione di ogni iniziativa personale.[28]

Seguendo questa traccia di Freud, Lacan insiste nel porre l'esperienza analitica come un "rovesciamento dell'ipnosi", dunque come una dissociazione tra l'oggetto piccolo (a) e l'Ideale.[29] Per questa ragione al mito platonico di Eros egli contrappone nel *Seminario XV* quello biblico di Adamo ed Eva narrato in *Genesi*. In una lezione fondamentale de *L'atto psicoanalitico*, quella del 21 febbraio 1968, la *Torah* viene evocata proprio per chiarire la natura umana del desiderio sessuale. Il desiderio dell'umano (*àdam*) ricerca nel corpo della donna quel dettaglio – l'oggetto parziale, la parte perduta del proprio corpo – che l'intervento della Legge ha "*separtito*" da se stesso, dal suo stesso corpo trasferendolo nel campo dell'Altro. L'inesistenza del rapporto è qui indotta dall'esistenza dell'oggetto: il desiderio vincolato all'oggetto piccolo (a) non è più desiderio dell'Altro, ma desiderio di recuperare la parte perduta del proprio essere dislocata nel campo dell'Altro.

Se teniamo presente il contenuto di questa lezione, non possiamo non constatare che il Due si genera dalla perdita di un oggetto dal corpo di Adamo (la celebre costola). In gioco qui non è solo la differenza sessuale tra maschio e femmina, ma la costituzione dell'*eteros* in quanto tale che sorge, appunto, come parte perduta, assente, separtita dall'umano, da *àdam*. Nella metafora biblica la donna occupa il posto dell'oggetto (perduto) del desiderio dell'uomo, custodisce nel suo corpo l'*agalma* del desiderio maschile. Eva incarna, in altri termini, la necessità della relazione e, al tempo stesso, il suo carattere eteroclito, impossibile da ridurre all'Uno. Nessun progetto appropriativo tra i Due è possibile perché la mancanza appare costituente l'umanizzazione stessa della vita.[30]

La Legge della parola che separtisce il corpo del soggetto lo espone altresì a una relazione di cui non può in nessun modo ergersi a padrone. Ogni forma di sovranità dell'Uno – compresa quella del godimento – viene esclusa. Non a caso nel mito biblico, diversamente da quello di Aristofane, le parti non danno luogo ad alcuna unità, non possono mai ricomporsi. La sfera risulta da sempre irreversibilmente rotta, spezzata, irrecuperabile. L'amore sospinge l'umano (*àdam*) verso l'*eteros* incarnato nella donna non come verso la propria metà perduta, ma verso l'oggetto piccolo (a) causa del desiderio che, essendo trasferito nel luogo dell'Altro, evoca costantemente l'impossibilità di sottrarsi al rapporto, di scansare la Legge del Due. Se per un verso si può certamente dire che il partner di Adamo non sia Eva ma la sua stessa costola, per un altro verso, essendo l'oggetto causa del desiderio dislocato nel campo dell'Altro, non esiste alcuna possibilità di rapporto con la causa del proprio desiderio se non attraverso la mediazione dell'Altro.

Nel racconto biblico siamo di fronte a un paradosso che altera ogni simmetria e ogni corrispondenza dialettica tra i Due. Mentre il movimento platonico di Eros – catturato dalla "fascinazione della sfera" – resta prigioniero dell'illusione di un rapporto che evoca la fusione, la conciliazione, l'integrazione, la ricomposizione del "tutto", il godimento fantasmatico illustrato attraverso la costola di Adamo ha sullo sfondo l'impossibilità di una saturazione complementare della mancanza nonostante il potere feticistico dell'oggetto. È solo su questo sfondo che può essere situato l'amore come supplenza generativa all'inesistenza del rapporto sessuale. Ma come può questa supplenza realizzarsi se il desiderio resta catturato dall'oggetto piccolo (a)?

Si tratta di una costruzione che non può non essere zoppicante, non tutta, proprio perché si istituisce sul non rapporto che è al cuore di ogni rapporto. Nondimeno, è l'altra faccia della medaglia: per incontrare davvero il reale del non rapporto è infatti necessario il passaggio attraverso il reale del rapporto. Altrimenti non resta se non l'Uno perverso del proprio godimento – del godimento Uno – che vorrebbe prescindere dalla relazione con l'Altro. Non si tratta semplicemente di convalidare il fatto che il godimento sia sempre e solo godimento dell'oggetto (a), ma di aprire la possibilità di esistenza di un godimento che non sia più vincolato a una localizzazione oggettuale-fantasmatica che coarta fatalmente l'apertura illimitata del desiderio. Nei termini del Lacan del *Seminario XX*, come vedremo, è questa la via dell'Altro godimento come "supplementare" e non "complementare" al godimento fallico.

"Non indurci in relazione..."

Prima di entrare nel merito dell'Altro godimento come godimento supplementare, non tutto fallico, come cifra dell'eccedenza reale del desiderio, è importante sollevare una domanda che sottotraccia sembra emergere dalle argomentazioni del *Seminario XX* e che potremmo rivolgere a Lacan stesso: e se fosse l'esistenza e non l'inesistenza del rapporto a custodire il cuore del reale? Se fosse, in altre parole, l'impossibilità di evadere dal Due, dal vincolo, dall'esposizione, finanche dalla costrizione *al* Due, a determinare quello che Lacan nomina come il carattere impossibile del reale? Se, cioè, il reale fosse nell'ordine del Due e non dell'Uno? Se, insomma, l'incontro con il non rapporto fosse, anziché la roccia sulla quale si infrange fatalmente il rapporto con l'Altro, la verità ultima di ogni incontro degno di questo nome? Non è forse questo che lo stesso Lacan intende quando sostiene apertamente che l'assenza del rapporto sessuale non impedisce il legame ma, al contrario, ne detta le condizioni?[31] Se non è possibile scrivere il rapporto sessuale, non è altrettanto possibile evitare di avere un rapporto con questo non rapporto? Non siamo forse, in quanto "parlesseri", gettati nell'impossibilità di evadere dal non rapporto che istituisce ogni rapporto?

Un lapsus notevole interrompe con sorpresa la preghiera mattutina di una donna il cui problema maggiore è costituito dalla difficoltà di sopportare il rapporto con l'Altro. Mentre sta concludendo il Padre nostro, anziché dire "non indurci in tentazione e liberaci dal male", dice "non indurci in relazione". Il che nomina ciò che per lei assume l'aspetto più radicale del reale, di ciò che fa male, che punge e scuote la sua vita – il suo pungolo nella carne, come direbbe Paolo di Tarso –, che non la lascia stare in pace: l'impossibilità, appunto, di sottrarre la sua vita alla "relazione", al Due del rapporto. Ma non è forse questa la condizione del soggetto in quanto tale? L'esposizione alla relazione non è, infatti, qualcosa che supporrebbe una sostanza-subjectum che si costituirebbe "prima" del rapporto. Il soggetto non è altro se non questa impossibilità di dissociarsi dal suo essere esposto all'Altro, dal suo essere preso in un rapporto, incluso nel reale inaggirabile del Due. È questo un punto sensibile sul quale ha molto insistito la filosofia di Jean-Luc Nancy, in particolare nella sua rilettura del *Mit-sein* (*Essere-con*) di Heidegger: il "con" non si aggiunge all'essere come se fosse un attributo secondario o derivato, perché non può esistere un essere che non sia implicato da sempre nel suo "con".[32] Ma anche nella sua lettura critica della tesi lacaniana relativa all'inesistenza del rapporto sessuale, mostrando come nella struttura stessa del corpo sessuale – in quanto "sessistenza" – il soggetto è sospinto verso il "c'è" del rapporto, nel senso che, come scrive Nancy, "il sessuale non è una specie del genere rapporto, piuttosto il rapporto ha nel sessuale la sua estensione e la sua esposizione integrale".[33] Questo significa, come scrive sempre Nancy, che noi saremmo nell'impossibilità di uscire dal rapporto poiché

> vi sono esclusivamente rapporti, ognuno è un rapporto, ognuno nasce da un rapporto ed entra egli stesso in una quantità di rapporti e se non vi entra non esiste. Quello che conta è quello che io faccio, e io non faccio se non all'interno di un rapporto.[34]

In gioco è qui, come si vede, l'impossibilità di sottrarre il soggetto al suo legame imprescindibile con l'Altro, al reale del Due del quale l'essere-per-il-sesso è un'espressione radicale. Per incontrare davvero il reale del non rapporto è dunque necessario il passaggio attraverso il reale del rapporto. Questo passaggio obbligato è un altro nome, se non il più radicale, del reale. Altrimenti non resta se non l'Uno del proprio godimento che vorrebbe essere liberato – come prega la mia paziente nel suo lapsus – dall'angoscia che le provoca il trovarsi costretta al rapporto con l'Altro. Come se, in questo soggetto, ciò che viene avvertito come reale non è tanto nell'ordine dell'Uno – del godimento pulsionale – quanto in quello del Due poiché l'incontro con il reale assume per lei la forma dell'incontro con il rapporto, con la dimensione, allo stesso tempo, insopportabile e inaggirabile del rapporto, dell'impossibilità non tanto di scrivere il rapporto, ma di evadere dal rapporto che, non a caso, ella avverte come una vera e propria "spina conficcata nella carne", un reale che, come Lacan ha indicato, insiste a tornare sempre allo stesso posto.

Non dovremmo allora distinguere due diverse declinazioni del carattere impossibile del reale? La prima consiste nell'impossibilità di evitare il rapporto, nell'impossibilità di sciogliere l'Uno dal suo legame con il Due. La seconda consiste invece nell'impossibilità che contrassegna la struttura stessa del rapporto in quanto non simmetrico, non speculare, non complementare. Questo doppio impossibile definisce la condizione di esistenza del soggetto: da una parte l'aspirazione a evitare il Due del rapporto nel nome dell'Uno del godimento, dunque nel realizzare un non rapporto che vorrebbe escludere la necessità del rapporto (godimento fallico), dall'altra parte il riconoscimento necessario che è solo l'esistenza del non rapporto che si situa a fondamento di ogni possibile rapporto. Mentre il primo impossibile comporta un eccesso, il secondo è generato da una negatività. Se il primo è determinato dal moto autoerotico o, meglio, asessuato della pulsione, il secondo è determinato dall'effetto di taglio del linguaggio che introduce la mancanza nel rapporto. Se con il primo si afferma il primato dell'Uno, con il secondo si afferma quello del Due. Esiste infatti una dimensione del non rapporto che non è generata né dall'obiezione fallica, né dalla spinta autistica della pulsione, ma dall'azione stessa della Legge del linguaggio. Questa Legge sancisce l'impossibilità di sottrarsi al rapporto, di sottrarsi alla presa del significante che impone il rapporto dell'Uno con l'Altro. Se il non rapporto consolida il godimento Uno, l'impossibilità di evitare il rapporto istituisce la premessa necessaria al reale del Due. Il miraggio contenuto nel lapsus della mia paziente è, infatti, quello di essere liberati dalla relazione, ovvero dal reale del Due. In ogni sua relazione la sua aspirazione inconscia era quella di annullare il non rapporto che intacca strutturalmente ogni rapporto. Non è dunque solo l'esistenza della pulsione a determinare l'inesistenza del rapporto sessuale, ma è anche l'esistenza dell'Altro in quanto tale che rende impossibile il fare e l'essere Uno dei Due.

Più precisamente, i due volti dell'impossibile si possono annodare secondo modalità diverse. Se osserviamo le cose dal lato dell'Uno della pulsione, dobbiamo riconoscere che è proprio il godimento pulsionale dell'Uno che rende impossibile l'essere Uno dei Due. Se osserviamo invece le cose dal lato del soggetto, è l'esistenza dell'Altro che ci obbliga a rinunciare all'illusione di un godimento Uno sottratto alla contaminazione con l'Altro. Questo secondo corno del problema illumina il fatto che l'impossibilità di sottrarsi al rapporto coincide con l'impossibilità di sottrarsi alla presa del significante che l'Altro impone all'Uno e, di conseguenza, con l'impossibilità di ridurre l'alterità dell'Altro allo Stesso. Sarebbe questa, in fondo, l'aspirazione più radicale della mia paziente: assimilare l'Altro in un movimento che, come Freud ha indicato a proposito del funzionamento più arcaico dell'apparato psichico, è al tempo stesso di espulsione (*Austossung*) e di divorazione.[35]

Questo doppio impossibile non può che essere pensato se non in termini topologici: il godimento Uno determina l'inesistenza del rapporto, ma è l'esistenza del rapporto che determina l'impossibilità del godimento Uno. In altre parole, se il non rapporto è determinato dall'esistenza del godimento Uno, l'impossibilità di evitare il rapporto istituisce la premessa necessaria al reale del Due. Ma si tratta di due facce della stessa medaglia: il godimento Uno vorrebbe scansare il Due del rapporto realizzando un godimento senza l'Altro. Ma l'Uno non può darsi senza il Due. L'impossibilità di sciogliere l'Uno dal Due è un'altra forma del reale; è il reale del Due e non dell'Uno: il soggetto non può che essere esposto all'incontro con l'alterità più radicale dell'Altro.

L'Altro godimento

È giunto il momento di accostare la figura dell'Altro godimento così come Lacan la formula nel corso del *Seminario XX*. Mentre, come abbiamo visto in precedenza, il godimento fallico resta chiuso nell'Uno della propria ripetizione feticistica, l'Altro godimento, che trova nel godimento femminile il suo luogo di elezione, non dipende dall'oggetto, non può essere ridotto alla scarica pulsionale, né può essere localizzato nell'organo fallico. Piuttosto coinvolge la superficie intera del corpo rendendo il corpo dell'Altro non solo oggetto del proprio godimento ma anche il soggetto dell'incontro. Dunque è un godimento causato dal segno dell'amore più che dall'oggetto o, se si preferisce, provocato dal fatto che l'oggetto che causa il godimento – l'oggetto piccolo (a) – rende il corpo stesso segno, dunque insostituibile in quanto soggetto e non solo in quanto oggetto.

Mentre il godimento fallico in quanto "uomosessuale" – l'etimo *homo* significa una condizione di similarità e di isolamento, dunque antitetica al rapporto, al reale del Due – esclude l'*eteros*, l'amore, come spiega Lacan, non può mai essere "omo", ma solo *eteros*. È forse, questa, una delle tesi più rilevanti sviluppate nel suo ultimo grande scritto intitolato *Lo Stordito*: l'amore è sempre amore per l'*eteros*, è amore per una donna.[36] Non esiste, infatti, amore che non sia eterosessuale. Salvo precisare ovviamente che il termine "eterosessuale" deve essere nettamente disgiunto da ogni sua declinazione anatomico-ontologica, in quanto l'amore eterosessuale non è un dato imposto dalla Legge della Natura, quanto relativo all'esposizione del soggetto all'alterità irriducibile di un altro soggetto, essendo, come Lacan precisa, l'amore, diversamente dal godimento, relazione non tra un soggetto e un oggetto ma tra due soggetti.[37] Ecco perché il rapporto è in se stesso una figura del reale. *Il reale non è solo l'inesistenza del rapporto sessuale, ma anche l'esistenza del rapporto in quanto radicalmente eterosessuale.* È per questa ragione che Lacan guarda alla femminilità per avere indicazioni su un godimento capace di non escludere l'Altro.

Nelle tavole della sessuazione il desiderio della donna non è chiuso nel rapporto con l'oggetto piccolo (a), ma aperto alla sua mancanza e alla mancanza dell'Altro.[38] In questo modo il desiderio femminile eleva la mancanza e non l'avere – l'"ingombro fallico" – a fondamento del rapporto. È questa la prossimità, segnalata da Lacan, dell'Altro godimento con il godimento mistico come godimento non tutto fallico, eccedente la Legge della castrazione.[39] È solo l'esperienza della mancanza che può risignificare la consistenza dell'oggetto piccolo (a) allentando il vincolo del godimento del soggetto con il proprio fantasma inconscio. È l'amore a sospingere l'autismo degli organi del corpo verso il carattere unico e singolare del soggetto, verso il segreto del nome proprio. L'evento dell'incontro d'amore non può essere ridotto al solo incontro con l'oggetto piccolo (a), ma con la mancanza dell'Altro, ovvero con la sua radicale alterità, con il muro irriducibile della sua alterità. Per questo Lacan valorizza la contingenza dell'incontro d'amore sottraendola alla necessità della ripetizione edipica, poiché l'incontro è innanzitutto incontro che si genera tra "due saperi inconsci", è "il riconoscimento dato a segni punteggiati enigmaticamente".[40] L'Altro godimento come "non tutto fallico" è, infatti, il godimento dell'apertura del corpo al rapporto al di là dell'autismo pulsionale dell'Uno. È la via di una supplementarietà che destituisce ogni ideale di complementarietà, orfano della categoria del "tutto" e della "fascinazione della sfera".[41] Non si tratta di godere dell'oggetto ma di aprire il corpo a un godimento che non sia più vincolato a una territorializzazione ristretta come quella determinata dal fantasma.

Questo significa che è solo nell'amore che la scena del Due può trovare la sua realizzazione, perché in esso l'orizzonte chiuso dall'oggetto piccolo (a) è contaminato, per così dire, dall'*eteros* della donna.

Se il rapporto amoroso è rapporto tra due soggetti, come insiste a dire Lacan, è perché la consistenza dell'oggetto – la sua ottusità feticistica – può parzialmente sciogliersi o legarsi nel rapporto. In questo senso la formula che troviamo nel *Seminario X* secondo la quale "è solo l'amore che rende possibile la convergenza tra il desiderio e il godimento"[42] acquista un significato particolare. Perché, se partiamo dal presupposto che il moto della pulsione riguardi la Cosa del godimento, ovvero il non rapporto, mentre il desiderio "viene dall'Altro", ebbene se noi prendiamo questo presupposto su cui Lacan formalizza, come abbiamo visto, la differenza di struttura tra godimento e desiderio, allora l'amore è la sola possibilità della loro congiunzione. Non si tratta però di congiungere i godimenti dell'Uno e dell'Altro che restano, come tali, differenti, ma di congiungere *nel* soggetto desiderio e godimento. I godimenti restano come tali differenziati senza ovviamente escludere che una donna possa godere del fallo, anzi Lacan ci suggerisce che una donna, che non sia isterica, sa godere proprio del fallo, sa farsi godere dal fallo, sa cioè giocare il sembiante dell'oggetto nel rapporto sessuale, sa godere nel farsi godere, ma questo godimento, appunto, non esaurisce l'Altro godimento poiché il godimento femminile implica sempre *il rapporto*, finanche nella forma della perdita di sé, dello smarrimento e del decentramento totale, se si pensa, per esempio, a certe testimonianze relative al godimento mistico. Sicché la congiunzione provocata dall'amore non è congiunzione dell'Uno nell'Altro, ma congiunzione del desiderio con il godimento *nel* soggetto. Per questa ragione la promessa dell'amore non può essere ridotta a quella perversa dell'unificazione, della realizzazione di un rapporto che congiungerebbe due godimenti eterogeni (fallico e non tutto fallico) elevando l'autismo della pulsione alla sola forma possibile della Legge. Nell'incontro d'amore la congiunzione non può essere tra due diversi godimenti, ma solo tra due tracce dello stesso esilio, precisa Lacan, tra due segni enigmatici, tra le lalingue particolari di due inconsci.[43]

In questo senso la donna, in quanto *eteros*, è un nome del reale, un nome del Due come ciò che *costringe* al rapporto in quanto non presa tutta nell'autismo del godimento fallico. Proprio per questo è frequente per un analista incontrare uomini che puntano all'Ideale del non rapporto investendo le donne di un odio senza misura. La violenza verso le donne è ispirata tanto dal rifiuto dell'inesistenza del rapporto sessuale – dal non rapporto che sussiste in ogni rapporto – quanto dall'impossibilità di evadere dalla costrizione del rapporto, dal vincolo imposto dal reale del Due. L'Altro sesso ci consegna infatti la possibilità di un rapporto possibile con il non rapporto o, in altre parole, l'impossibilità di evadere dal reale del rapporto, dal suo essere amuro (*amur*). La donna è infatti il nome del rapporto che esclude l'omogeneità, l'uomo-sessualità, la simmetria. Se l'amore è amore per una donna, il godimento sessuale stesso non si potenzia attraverso l'amore? L'amore, diversamente da quel che pensava Freud, non intralcia o diminuisce il godimento sessuale (se non nella nevrosi), ma lo incentiva rendendo il corpo dell'Altro un'eccezione alla serialità anonima prodotta dal culto feticistico dell'oggetto.

La lezione del Due è che il godimento sessuale stesso si potenzi attraverso l'amore. Non è l'amore come divergenza dal desiderio e dal godimento, ma come la loro convergenza più propria. È l'esperienza del *godimento dell'amore*: la libido non si localizza su di un oggetto, ma investe la totalità dell'essere dell'Altro. È quello che Badiou definisce come "investigazione in condivisione dell'universo" o come "espansione esterna del Due".[44] Il desiderio resta causato fantasmaticamente dall'oggetto piccolo (a), ma, dove c'è amore, questo stesso oggetto *sa*, per così dire, *di soggetto*, appare impregnato enigmaticamente della soggettività dell'amato. Sicché il corpo può assumere la forza simbolica di un nome e il godimento dell'Uno può significare il godimento dell'Altro. Non si tratta solo di un'apertura contingente del corpo. Si tratta innanzitutto di uno scioglimento dell'identificazione fallica che apre il corpo sessuale all'esposizione al reale del Due. Per questa ragione Badiou può affermare che "l'amore è la sola esperienza a nostra conoscenza in cui il Due può contarsi da sé"[45] e può altresì dichiarare che ogni vero amore può dirsi radicalmente ateo perché non può affidarsi ad altro se non all'"immanenza del Due".[46]

Il reale della contingenza dell'incontro

Nel *Seminario XX* l'inesistenza del rapporto sessuale viene dunque "contraddetta" dall'esistenza dell'incontro. Sono due nomi differenti del reale: l'esistenza dell'incontro è un nome del reale quanto lo è l'inesistenza del rapporto. Dovremmo allora pensare con Lacan proprio questa relazione tra inesistenza e incontro. Seguendo i termini del suo ragionamento, sviluppato in chiusura del *Seminario XX*, l'inesistenza appartiene all'impossibile, mentre l'incontro alla contingenza ("la contingenza è il regime dell'incontro").[47] Tocchiamo qui un ennesimo volto del reale: non tanto l'eccesso della pulsione, né l'impossibile dell'inesistenza (del rapporto sessuale), ma l'eccedenza affermativa propria dell'evento contingente dell'incontro. La contingenza dell'incontro è infatti il reale come sorpresa, come trovata, come *tyche* che interrompe la continuità anonima dell'*automaton*, per usare una contrapposizione di termini (prelevati dalla *Fisica* di Aristotele) valorizzata da Lacan nel *Seminario XI*.[48]

La non esistenza del rapporto sessuale appartiene al campo dell'impossibile in quanto non cessa di ripetersi in ogni incontro sessuale, in quanto non cessa di non scriversi. Si tratta, appunto, di un'impossibilità reale: i Due non possono né fare, né essere Uno: "Quando uno fa due, non c'è mai ritorno.

Non torna mai a fare di nuovo uno, nemmeno un uno nuovo".[49] Nessuna sintesi, dunque, tra i Due, nessuna *Aufhebung*, specifica Lacan.

L'evento dell'incontro appartiene invece alla dimensione della contingenza in quanto renderebbe possibile la sospensione di questo impossibile: il rapporto sessuale cessa allora di non scriversi. Si tratta di un evento che rapporta nell'amore l'inconscio dell'Uno con l'inconscio dell'Altro, la lalingua dell'Uno con lalingua dell'Altro. Con la precisazione che lalingua non definisce il linguaggio come strumento della comunicazione, non struttura il dialogo tra i Due. Essa marca piuttosto una dimensione assoluta di singolarità che iscrive il non rapporto in seno al linguaggio. Non è qui l'Uno come spinta all'unificazione ma come tratto che definisce la differenza assoluta del soggetto. In queste parti finali del *Seminario XX*, Lacan si interroga proprio sulla possibilità di una "coabitazione" del soggetto con lalingua dell'Altro.[50] Ogni amore – come abbiamo ricordato – trova supporto nel rapporto tra due saperi inconsci. Nessuna empatia, nessuna condivisione, nessuna comprensione. La contingenza dell'incontro d'amore appare piuttosto come un colpo, una fiamma, uno strappo. Qualcosa sfugge all'intenzionalità, all'intendimento, al calcolo, alla ragione. Nell'amore accade, infatti, lo stesso che nella follia: non diventa folle chi vuole, così come non ci si innamora programmandolo. Si tratta di un avvenimento del reale. Eppure, Lacan sottolinea che è in gioco un "riconoscimento". Si deve ricordare l'importanza che questo termine assume nel magistero di Hegel-Kojève al quale Lacan resta fedele: il desiderio umano è desiderio di riconoscimento, è desiderio del desiderio dell'Altro. Ma in quella dialettica è proprio la reciprocità del riconoscimento a istituire il soggetto in quanto tale. Adesso invece questa dialettica sembra acquisire uno spessore inedito, reale più che simbolico. Al centro non c'è più, infatti, il segno del riconoscimento da parte dell'Altro, ma la dimensione enigmaticamente singolare de lalingua, la quale, come abbiamo appena indicato, non nutre il dialogo o la comunicazione ma è ciò che li rende impossibili.

In gioco è il riconoscimento dell'Altro come eccentrico a ogni forma di dialettica simbolica. È questa, se si vuole, la dimensione profondamente beckettiana de lalingua: l'amore è riconoscimento del carattere irriducibile dell'Altro, del nucleo incomunicabile presente in ogni comunicazione, della dimensione incondivisibile che accompagna ogni esperienza di condivisione. Il riconoscimento de lalingua dell'Altro comporta infatti l'approssimarsi al segreto unico del nome proprio. La dialettica hegeliana si altera così alla radice. Non è più in gioco l'amore come reciprocità che il giovane Hegel ritrovava nelle parole che la Giulietta di Shakespeare rivolge a Romeo: "Più ti do più ho". Piuttosto si tratta dell'amore come esilio da ogni possibile reciprocità. Se il valore simbolico del riconoscimento istituiva il "dono attivo" dell'amore[51] – il dono del segno –, adesso Lacan legge l'amore a partire dalla contingenza dell'incontro con l'amuro (*amur*) dell'Altro. Nell'evento contingente dell'incontro qualcosa cessa di non scriversi. È un altro reale rispetto a quello dell'impossibile. È il reale come varco, apertura imprevista, tocco che scompone la ripetizione. Se l'impossibile è il non cessare di non scriversi del rapporto sessuale, l'incontro è ciò che determina l'interruzione di questa non scrittura, è una lesione dell'impossibile.

Tuttavia, la sospensione dell'impossibile resa possibile dalla contingenza dell'incontro non significa affatto la negazione del reale del non rapporto. Piuttosto l'incontro rapporta l'Uno all'Altro non nella forma della condivisione o dell'immedesimazione, ma del riconoscimento di una differenza assoluta. Non è incontro fra simili ma, come direbbe Nietzsche, tra remoti.[52] È incontro con "la traccia dell'esilio" che ciascuno è rispetto all'esistenza del rapporto sessuale. È, infatti, la solitudine la condizione più propria dell'incontro. Non a caso la figura più fondamentale della contingenza è quella dell'atto. Non solo dell'atto dell'analista, ma anche di quello d'amore: l'atto dell'esposizione al rapporto con l'alterità dell'Altro, con il suo essere più remoto. È rapporto con il nome proprio dell'Altro, dunque con ciò che sfugge a ogni rapporto, a ogni codice, a ogni legge. L'incontro si dà, infatti, solo nel segreto irriducibile del nome, nel rapporto con ciò che non può essere codificato né tradotto in nessuna lingua. Non si tratta più di una relazione speculare perché l'incontro frantuma ogni specularità.

L'Uno non può dare conto del Due dell'incontro così come il Nome del padre non può governare l'ek-sistenza del soggetto. Nella contingenza dell'incontro l'Uno non può che assumere la forma del Due, così come il Nome del padre si realizza solo nell'atto della testimonianza nel quale il suo Nome si dissolve.

La contingenza dell'incontro si oppone innanzitutto alla necessità della ripetizione. Il riferimento è qui ancora una volta al circuito necessario della scena edipica. Il necessario freudiano è infatti ciò che non cessa di scriversi del complesso edipico: l'amore per la madre si ripete nella storia di una vita senza alcuna discontinuità. La bellezza del fuoco – dell'incontro d'amore – scaturisce dalla combustione della legna dell'Edipo. Il primo amore – quello materno – informa tutti gli altri legandoli in un concatenamento inesorabile. Lacan prova invece a spostare il discorso dal necessario alla contingenza, dunque dalla causa efficiente dell'Edipo all'evento imprevedibile – senza legge – dell'incontro. Mentre per Freud l'Edipo impone all'amore un destino necessario, per Lacan sono gli incontri contingenti ("i casi della vita")[53] a determinare la singolarità del soggetto. Mentre il necessario freudiano nega il reale dell'impossibile dando luogo alla scrittura del rapporto edipico, Lacan situa la contingenza dell'incontro fra l'impossibile (inesistenza del rapporto sessuale) e il necessario (ripetizione edipica). La contingenza dell'incontro è il taglio, la sorpresa, l'estasi di un evento che non si è ancora scritto e che scrivendosi sospende l'impossibile.

Questo pensiero comporta una serie di conseguenze che si impongono sulla tecnica stessa della psicoanalisi. Il transfert non può più essere letto solo come ripetizione perché è innanzitutto un incontro contingente che consente la nascita di un "nuovo amore". Nondimeno, questo incontro può avvenire solo sullo sfondo dell'impossibilità di uscire dall'esilio dal rapporto sessuale. È il segreto di un'unione senza unione, di un rapporto che si mantiene prossimo al non rapporto, di una condivisione che preserva l'incondivisibile. È l'estasi di sentirsi sorpresi, ciascuno toccato dall'alterità irraggiungibile dell'Altro. Per questo ogni amore vorrebbe rendere il tempo estatico dell'incontro un tempo eterno. Ogni amore, afferma Lacan, vorrebbe far passare l'evento dell'incontro dal piano della pura contingenza a quello dell'assoluta necessità:

> Lo spostamento della negazione, dal *cessa di non scriversi* al *non cessa di scriversi*, dalla contingenza alla necessità, ecco il punto di sospensione cui ogni amore si attacca. Ogni amore, non sussistendo che nel *cessa di non scriversi*, tende a far passare la negazione al *non cessa di scriversi*, non cessa, non cesserà.[54]

Nell'incontro contingente dell'amore, la costrizione del Due si rivela come una libera consegna di sé all'Altro e viceversa. In questo senso la spinta degli amanti sarebbe quella di condurre la contingenza verso il necessario ("non cessa, non cesserà...") sebbene il necessario escluda per principio ogni contingenza. È questo, secondo Lacan, il paradosso che accompagna ogni promessa d'amore.

Tuttavia, il reale della contingenza dell'incontro resta ai miei occhi la parola più profonda del *Seminario XX*. Si tratta di un altro modo di dire il reale.

Se il reale dell'eccesso scoperto nel *Seminario VII* è il reale che esalta il carattere incandescente della pulsione – finanche nella sua spinta a godere sino alla morte – e se il reale dell'impossibile è ciò che marca un inattingibile, l'inesistenza, appunto, del rapporto sessuale, del poter fare ed essere Uno con l'Altro – un'assenza senza presenza –, il reale della contingenza mostra la potenza in atto dell'evento di un incontro che, proprio perché non può essere sinonimo di "rapporto", apre alla possibilità di una sospensione inaudita del necessario. Se l'amore, come ricorda Lacan, può supplire all'inesistenza del rapporto sessuale è solo in quanto fa esistere la contingenza dell'incontro. Ma, diversamente da quello a cui aspirano molti pazienti, l'analisi non procura la possibilità dell'incontro d'amore, ma lavora per aprire il soggetto alla possibilità della contingenza dell'incontro da cui l'amore può sorgere. Non è, dunque, come si potrebbe credere, l'amore a generare la contingenza, ma il contrario; è l'assunzione radicale della contingenza a rendere eventualmente possibile l'incontro d'amore. L'apertura della dimensione della contingenza precede infatti l'incontro d'amore e ne costituisce la possibilità. Al tempo stesso, se questo incontro – l'incontro d'amore – avviene, è il segnale inequivocabile che il soggetto ha assunto l'apertura della contingenza.

Ciascuna storia singolare ruota attorno al reale dell'impossibile, è destinata all'esilio dal rapporto sessuale. Ma è proprio questo esilio dal rapporto che costringe al Due, ovvero ad assumere l'inaggirabilità del rapporto nella sua stessa impossibilità. Il fatto che il rapporto sia impossibile non cancella infatti che il rapporto sia necessario e nemmeno che possa includere la contingenza. Qual è, in fondo, la più grande trasformazione che si può produrre in un soggetto in analisi se non quella di renderlo aperto all'eccedenza incodificabile dell'incontro, al suo più puro caso, al carattere illimitato della contingenza? Non è forse per questo che, come conclude Lacan nel *Seminario XX*, ogni "vero amore... sfocia nell'odio?".[55] Non è forse la passione dell'odio quella che più di ogni altra rivela il carattere inassimilabile dell'Altro, il suo più profondo *eteros*, la sua irriducibilità più remota?

4.
La presenza reale dell'analista

> "Non sono lì per il suo bene, ma perché egli ami."
>
> J. Lacan, *Il seminario. Libro VIII. Il transfert*

L'esperienza dell'analisi

L'esperienza del reale è al centro dell'analisi per come Lacan la teorizza. Mentre in un primo tempo del suo insegnamento, come abbiamo visto, egli sembra confinare il reale – in quanto indicibile – al di fuori del lavoro analitico, concepito come una progressiva simbolizzazione dell'immaginario, in un secondo tempo il riferimento al registro del reale occupa un posto sempre più rilevante. La psicoanalisi si distingue da un'ermeneutica filosofica perché, attraverso l'esercizio simbolico della sua pratica di parola, pretenderebbe di trasformare il reale del soggetto. Questo significa dare una nuova forma a quella ripetizione che l'attaccamento inconscio al godimento impone al soggetto. Gli effetti che una psicoanalisi mobilita non si possono per questa ragione ridurre ai soli benefici terapeutici. Non a caso Lacan insiste nel dire che la stessa possibile guarigione del soggetto non è affatto la posta in gioco di un'analisi ma avviene solamente in "sovrappiù".[1]

Al centro dell'esperienza analitica non c'è la preoccupazione di restituire il soggetto alla sua efficienza comportamentale, ma una radicale sovversione del suo rapporto con il desiderio e con il godimento. È quella che nel *Seminario VII* Lacan definisce come la dimensione tragica dell'esperienza psicoanalitica. A conclusione di questo *Seminario* egli si sofferma, infatti, sulla posta in gioco dell'analisi non trascurando il fatto che i pazienti che si rivolgono all'analista lo fanno innanzitutto esprimendo una "domanda di felicità".[2] Tale domanda non è affatto scontata se si considera, come fa notare, che non esiste una misura universale della felicità. Sicché, diversamente da quello che pensava Aristotele nella sua *Etica Nicomachea*, non esiste la possibilità di fare della felicità una disciplina condivisa, né, diversamente da quello che pensava la psicoanalisi cosiddetta post-freudiana, esiste la possibilità di far coincidere il compimento della felicità con il raggiungimento della maturità cosiddetta "genitale" della pulsione, né con nessun'altra forma di "armonizzazione psicologica".[3] Insomma, nella prospettiva etica praticata dalla psicoanalisi, non esiste da nessuna parte il sapere di cosa sia la "misura di un giusto rapporto con il reale"[4] poiché il desiderio del soggetto, nella sua assoluta differenza, non può essere ridotto a un criterio normativo universalmente condiviso. Anzi, è sempre e solo grazie a un'esperienza di sconfinamento e di smarrimento che il soggetto può incontrare il proprio reale, come si vede bene attraverso il desiderio di sapere che sospinge l'Edipo di Sofocle a radicalizzare la propria domanda di verità sino al suo limite più tragico, anche se questo significa riconoscersi in modo inatteso come colpevole.

Più precisamente, la posta in gioco di un'analisi consiste nel riabilitare il desiderio all'azione sottraendolo alla rimozione e all'inibizione nevrotica. Lacan lo afferma chiaramente facendo riferimento alla necessità di una "revisione dell'etica" di cui lo psicoanalista deve farsi promotore: "La psicoanalisi procede attraverso un ritorno al senso dell'azione... a ristabilire il rapporto dell'azione con il desiderio che la abita".[5] Di qui la necessità di rettificare la domanda di felicità iniziale che muove ogni paziente verso l'analisi in una nuova domanda dal tono assai differente che Lacan formula nei seguenti termini: *"Avete agito conformemente al desiderio che vi abita?"*.[6]

Con questa nuova domanda, il desiderio assume le caratteristiche di un inedito imperativo etico che si sostituisce a quello morale, di matrice kantiana, del dover-essere. Si tratta dell'assunzione del desiderio come nuova forma di dovere, di quello che, nelle lezioni iniziali del *Seminario VII*, Lacan nomina efficacemente come il "vero dovere" contrapponendolo al dovere patologico imposto dal Super-io.[7] È in questi termini che egli colloca il registro del reale al centro dell'esperienza analitica. Si tratta di liberare il soggetto dal peso del senso di colpa che sorge dall'alienazione agli ideali dell'Altro e che trova nell'azione sadica del Super-io il suo principale mandante, per risignificare in modo inedito la colpa in rapporto all'evasione del "vero dovere" che è quello di assumere il reale del proprio desiderio. Di qui una formula inedita della colpa, che non concerne più la dimensione sacrificale del dover-essere ma quella generativa del desiderio: "Propongo che l'unica cosa di cui si possa essere colpevoli, perlomeno nella prospettiva analitica, sia di aver ceduto sul proprio desiderio".[8]

La critica all'ideologia del controtransfert

Se la pratica della psicoanalisi tende a toccare e a trasformare il reale del soggetto consegnando a esso il compito etico di non cedere sul proprio desiderio, uno dei principali ostacoli tecnici nei confronti di questo obiettivo, secondo Lacan, si è configurato storicamente sotto il nome di controtransfert. La sponsorizzazione post-freudiana del controtransfert ha oscurato la vera posta in gioco dell'analisi per come l'abbiamo appena riassunta facendo intervenire abusivamente sulla scena analitica i vissuti soggettivi dell'analista più che il carattere irriducibile del desiderio del soggetto.

Nessun altro psicoanalista come Lacan ha insistito nel ritenere l'ideologia del controtransfert un vero e proprio ostacolo a quella revisione dell'etica di cui l'esperienza analitica dovrebbe farsi promotrice. Nella pratica lacaniana il controtransfert non è considerato uno strumento a disposizione dell'analista per potenziare il suo intervento, ma un suo punto di inciampo nella direzione della cura. Esso appare come uno dei destini possibili del transfert, ovvero come un suo destino fallimentare.

Si può leggere a questo proposito con grande utilità la corrispondenza di Freud con Jung relativa al caso di Sabina Spielrein. Quando Jung comunica a Freud di aver avuto rapporti sessuali con una sua paziente e di trovarsi in difficoltà a gestire la reazione di quest'ultima, giudicata "vendicativa", Freud evoca il controtransfert come una sorta di trappola nella quale è bene che l'analista eviti di cascare. Al tempo stesso, si affretta a sostenere, di fronte al suo smarrito allievo, che il riconoscimento e il governo del controtransfert definiscono una delle massime responsabilità dell'analista nella direzione della cura.[9]

Quello che confidenzialmente Freud suggerisce a Jung sono, in realtà, delle precise indicazioni di tecnica psicoanalitica che si ritrovano in una forma teorica più compiuta nella celebre comunicazione tenuta da Freud stesso al congresso di Norimberga del 1910, pubblicata con il titolo *Le prospettive future della terapia psicoanalitica*.[10] In essa il controtransfert viene considerato come l'insieme delle reazioni emotive dell'analista provocate dal paziente che interferirebbero negativamente sulla sua neutralità e che si dovrebbero ricondurre, in ultima istanza, al carattere incompleto della sua analisi personale:

> Abbiamo acquisito la consapevolezza del controtransfert che insorge nel medico per l'influsso del paziente sui suoi sentimenti inconsci, e non siamo lungi dal pretendere che il medico debba riconoscere in sé questa controtraslazione e padroneggiarla... Ogni psicoanalista procede esattamente sin dove glielo consentono i suoi complessi e le sue resistenze interne e pretendiamo quindi che inizi la sua attività con un'autoanalisi e la approfondisca continuamente mentre compie le sue esperienze con i malati.[11]

Il modello più puro dell'operatività dell'analista è considerato da Freud quello medico del chirurgo che "deve lasciare da parte ogni reazione affettiva e ogni simpatia umana" affinché la sua mano non tremi mentre esegue l'operazione necessaria.[12]

Lacan, nel suo giudizio complessivo sul controtransfert, si ricongiunge idealmente a questa posizione freudiana. Prendiamo come riferimento i suoi testi più rilevanti dedicati alla tecnica psicoanalitica: *Intervento sul transfert*, *Varianti della cura tipo* e *Direzione della cura*, che sono contenuti negli *Scritti*, unitamente ai *Seminari I* e *VIII*. Se facciamo eccezione per il *Seminario VIII*, in tutti i testi appena citati la sua posizione sul controtransfert appare rigorosamente determinata: l'azione dell'analista scaturisce da un'"ascesi", da una vera e propria "cadaverizzazione" della propria soggettività che in nessun modo dovrebbe intervenire nella direzione della cura. Diversamente, l'apparizione del controtransfert segnalerebbe l'emergenza di qualcosa che si è inopportunamente riattivato nell'inconscio dell'analista a partire dall'incontro con il paziente. Solitamente si tratta di qualcosa che non è stato sufficientemente analizzato nell'analisi personale dell'analista stesso (un conflitto, un fantasma, un ricordo...) e che persiste come una sorta di "macchia cieca" che, per riprendere una nota immagine freudiana, intorbida la percezione analitica.[13] Ne consegue che il solo trattamento adeguato del controtransfert sia il proseguimento dell'analisi personale dell'analista sino alla sua fine, che non a caso per Lacan consiste nella sottomissione dell'analista stesso al "padrone assoluto della morte", ovvero alla "soggettivazione della morte" come figura estrema della radicalizzazione del suo rapporto personale con la castrazione.[14] Se, infatti, il controtransfert consiste in un'esondazione impropria dell'inconscio dell'analista, il quale inserisce i suoi personali turbamenti nella relazione con il paziente, l'evocazione della "soggettivazione della morte" rimarca, al contrario, la necessità di ridurre al minimo la presenza dell'Io dell'analista nel corso della cura. Il controtransfert sarebbe, infatti, una risposta inadeguata dell'analista al transfert del paziente che denuncerebbe innanzitutto il rigetto narcisistico di questa soggettivazione. Controtransfert significa dunque, nel giudizio più classico di Lacan, che la parte non analizzata dell'analista condiziona negativamente la sua azione. Da questo punto di vista egli resta nel solco del giudizio freudiano. Non a caso ne *L'intervento sul transfert* definisce il binomio transfert-controtransfert come la

> somma dei pregiudizi, delle passioni, degli imbarazzi o dell'insufficiente informazione dell'analista in un certo momento del progresso dialettico.[15]

In quel tempo del suo insegnamento – l'articolo viene pubblicato nel 1951 – non c'è infatti una sostanziale diversità fra transfert e controtransfert, essendo entrambi fenomeni immaginari che bloccano o ostacolano l'elaborazione simbolica dell'analizzante. Transfert e controtransfert indicano, più precisamente, un punto di stagnazione della dialettica analitica, la quale invece si sviluppa sull'asse dell'intersoggettività simbolica della parola. L'intersoggettività non viene, infatti, ridotta da Lacan, come invece accadrà in seguito, al campo dell'immaginario, a una semplice relazione speculare tra Ego. Piuttosto, il rapporto intersoggettivo da soggetto a soggetto resta, per il Lacan hegeliano-kojèviano degli anni cinquanta, simbolico e non immaginario. Il controtransfert non è un fenomeno relativo all'intersoggettività dialettica, non concerne il principio della mediazione simbolica tra il soggetto e l'Altro, la funzione della parola, quanto piuttosto la sua degradazione immaginaria. Segnale dell'incapacità dell'analista di far prevalere il potere simbolico dell'interpretazione sui propri vissuti controtransferali che, essendo fenomeni dell'Io (pregiudizi, passioni, imbarazzi), non consentono l'istituzione della "parola piena" dell'interpretazione. Nello sviluppo del transfert l'irruzione del controtransfert tenderebbe a segnalare che l'interpretazione simbolica ha mancato il suo obiettivo.

Più precisamente, la reazione controtransferale, come mostrerebbe bene il caso di Dora di Freud commentato nel dettaglio in *Intervento sul transfert*, è sempre un fenomeno che coinvolge l'Io dell'analista impedendo l'apertura del soggetto dell'inconscio. Nel contenuto della nota poscritta al caso di Dora, Freud riconosce esplicitamente la sua responsabilità soggettiva nel non aver sospinto la sua paziente verso l'enigma della propria attrazione verso la signora K a causa della sua difficoltà ad ammettere la presenza della pulsione omosessuale nella nevrosi. Il suo errore tecnico (sottovalutazione dell'interesse profondo di Dora verso la signora K) è dipeso, dunque, da una cecità soggettiva dell'analista legata, nel caso specifico, ai suoi pregiudizi morali relativi all'omosessualità. La nota autocritica di Freud è esplicita su questo punto:

> Più passa il tempo dopo la fine di questa analisi e più mi pare probabile che il mio errore tecnico consistette nel non essermi avveduto, e nel non aver detto in tempo alla malata, che il suo impulso erotico omosessuale (ginecofilo) per la signora K era la più forte delle sue correnti psichiche inconsce... Prima di riconoscere l'importanza della corrente omosessuale nei psiconevrotici mi sono spesso arenato nel corso del trattamento o mi sono smarrito completamente.[16]

A partire dall'*Intervento sul transfert* in avanti, sia in *Varianti della cura tipo* sia in *Direzione della cura*, Lacan legge il controtransfert riconducendolo a un'espressione significativa dell'interferenza dell'immaginario sul simbolico. Il caso di Dora fallisce a causa dell'irruzione del controtransfert che impedisce a Freud di compiere il terzo "rovesciamento dialettico" – secondo la terminologia proposta nell'*Intervento sul transfert* –, quello che gli avrebbe consentito di riconoscere l'incidenza dell'attrazione omosessuale di Dora verso la signora K. In questo caso il controtransfert coincide con un errore nell'interpretazione: non è il signor K il vero oggetto del desiderio di Dora ma Madame K. Questo errore dipende chiaramente dalla "somma dei pregiudizi, delle passioni, degli imbarazzi o dell'insufficiente informazione dell'analista in un certo momento del progresso dialettico del transfert".[17] In questo senso la resistenza, come Lacan insiste nell'affermare, sarebbe sempre dalla parte dell'analista, ovvero dipenderebbe dalle sue difficoltà a sostenere la giusta posizione nel transfert.

Il caso di Dora è una conferma eloquente di questa tesi. È il pregiudizio controtransferale che ha impedito a Freud di formulare la giusta interpretazione: una giovane donna deve desiderare un uomo e non una donna! Freud finisce così per occupare sul piano immaginario il posto del signor K ricevendo fatalmente dalla sua paziente lo stesso trattamento. L'amore di Dora doveva essere orientato verso un uomo (il signor K o il proprio analista) e non verso una donna. Il controtransfert indica, dunque, un fallimento nello sviluppo del transfert, un ristagno, "un punto morto" della dialettica analitica.[18] Per questo Lacan può affermare nel *Seminario VIII* che nel controtransfert l'inconscio inanalizzato dell'analista appare "nocivo per la sua funzione".[19]

La passione del controtransfert

Il controtransfert segnala agli occhi di Lacan un eccesso passionale da parte dell'analista che impedisce che egli occupi coerentemente la sua posizione simbolica nel transfert. Il termine "passione" non è qui affatto casuale poiché indica l'esistenza di un eccesso che non viene governato. Le passioni dell'analista, nella riflessione "tecnica" di Lacan, non coincidono, come vedremo meglio in seguito, con la funzione del "desiderio dell'analista", ma, al contrario, con tutto ciò che rischia di offuscare questa funzione. Del resto, la passione come tale è sempre passione dell'Io, essendo propriamente l'Io un "vissuto", un'"organizzazione passionale".[20] Il controtransfert non sarebbe allora altro che l'irruzione dell'Ego dell'analista sulla scena dell'analisi che scompensa l'articolazione della trama storica della ripetizione spostando il centro di gravità dell'analisi dalla storicità del soggetto e del suo desiderio al vissuto passionale attuale dell'Io dell'analista.[21] Per questa ragione Lacan sottolinea il fatto che l'analista non deve mai operare con il proprio essere, ma solo con la propria mancanza a essere. È questa una delle tesi più significative de *La direzione della cura*. La posizione dell'"immondezzaio", come rovescio della passione dell'essere, è infatti la posizione più propria dell'analista.[22] È il rovescio radicale della passione dell'essere, è la condizione di mancanza a essere che caratterizza l'essere dell'analista: egli riceve "il peggio" dei suoi pazienti, ovvero quello che essi non possono tollerare di integrare in se stessi.

Ma quali sono le passioni dell'analista più frequenti che rischiano di disorientare il suo lavoro? Lacan ne fornisce un elenco dettagliato nella *Direzione della cura*: il timore per la propria ignoranza, la passione di non deludere e quella di mantenere la propria superiorità.[23] Come si vede, sono tutte passioni vincolate al narcisismo dell'Ego che non sarebbe stato sufficientemente simbolizzato nell'analisi personale. Diversamente, secondo Lacan, il primo movimento etico dell'analista consiste proprio nel disattivare queste passioni per rendere possibile il dispiegarsi della ripresa storica del processo di soggettivazione. Non a caso, in *Varianti della cura tipo* Lacan definisce la posizione dell'analista come caratterizzata da una radicale "riduzione dell'equazione personale".[24] Si tratta di cancellare l'Io dell'analista per far posto al soggetto dell'interpretazione.[25] Che cosa significa? Il lavoro dell'analista consiste, come sappiamo, nella simbolizzazione dell'immaginario. Controtransfert, empatia, immedesimazione, comprensione sono lemmi che appartengono invece al solo piano immaginario del transfert. Questo significa che il processo della cura, che ha come centro la parola simbolica del soggetto e il suo ascolto da parte dell'analista, viene profondamente alterato dall'intromissione impropria del vissuto immaginario dell'analista. Con l'aggiunta ulteriore che questo vissuto avrebbe la pretesa di rispecchiare simmetricamente quello del paziente. È quello che accade nell'uso o, meglio, nell'abuso ideologico del controtransfert: la simmetrizzazione tra Io sostituisce la dissimmetria della relazione simbolica tra l'inconscio del paziente e l'ascolto offerto dall'analista. I due assi distinti della cura – quello dell'immaginario e quello del simbolico – finiscono così per sovrapporsi: l'Ego dell'analista si sovrappone alla sua funzione simbolica alterandola, mentre l'Ego del paziente, a sua volta, si sovrappone a quella del proprio inconscio otturandola.

L'abuso immaginario del controtransfert

Lacan fornisce un esempio eloquente dell'abuso immaginario del controtransfert citando un articolo di Money-Kyrle intitolato *Controtransfert normale e alcune sue deviazioni*, del 1955.[26] Durante il weekend l'analista si sente depresso com'era accaduto a un suo paziente nell'ultima seduta avvenuta qualche giorno prima. L'analista sperimenta in questo modo, fuori dalla seduta, un affetto evidentemente legato a quello che era accaduto in analisi. Non si era sentito capace di risolvere la condizione depressiva del suo paziente. Siamo qui di fronte a una sorta di esondazione del transfert nel controtransfert: il transfert del paziente si deposita nell'analista prolungandosi nei suoi vissuti più intimi. In questo caso il fenomeno è accentuato perché coinvolge la vita dell'analista al di là della cornice del setting. Ma cos'era accaduto nell'ultima seduta? L'analista aveva provato a interpretare i vissuti depressivi del suo paziente senza successo, anzi scatenando la sua ira. Alla ripresa dell'analisi, dopo il weekend, l'analista decide di comunicare al suo paziente come aveva vissuto il suo fine settimana affermando di aver avuto la profonda sensazione di confondere se stesso con il suo paziente. Questa comunicazione sortisce l'effetto di ridurre lo stato aggressivo del paziente, che reagisce affermando di essersi arrabbiato nell'ultima seduta proprio perché aveva percepito l'interpretazione dell'analista come qualcosa che parlava più dei vissuti dell'analista che non dei propri.

Ebbene, cosa è accaduto in questa sequenza? Nell'ultima seduta la parola del paziente è stata retrocessa per lasciare in primo piano i vissuti emotivi dell'analista suscitati dall'incontro con il paziente e che si sono trascinati per tutto il fine settimana. Si tratta di un'alterazione del principio basilare della lezione clinica della psicoanalisi. È il testo del paziente, e non quello dell'analista, che dovrebbe essere situato al centro dell'attenzione dell'analista. Nel caso di Money-Kyrle, invece, il controtransfert dell'analista sortisce l'effetto di far evaporare il caso clinico nella sua singolarità storica – il discorso del soggetto – privilegiando la risposta emotiva dell'analista di fronte alle parole del paziente. È il paradosso che Lacan mette in luce. Tutto appare ribaltato: è il transfert dell'analista a suscitare il controtransfert del paziente, ovvero la sua reazione aggressiva. È questa la sostanza dell'interpretazione che Lacan dà anche della gravidanza isterica di Anna O come risposta controtransferale al transfert amoroso di Breuer nei suoi confronti.[27]

Siamo qui di fronte a un'applicazione abusiva della dottrina del controtransfert. Non a un suo uso simbolico, ma a un suo abuso immaginario. Ebbene, quando c'è abuso immaginario del controtransfert? Quando si perde di vista il testo storico del paziente per far affiorare un altro testo, quello del vissuto emotivo dell'analista provocato dal discorso del paziente. L'ascolto analitico viene così alterato dai sentimenti che travolgono l'analista. Con la conseguenza fatale che il testo del vissuto dell'analista s'impone sul testo del paziente. Da questo punto di vista, come si vede, l'abuso del controtransfert può rientrare nel capitolo più generale dell'*uso illattivo dell'interpretazione*. C'è uso illattivo, e non allusivo, dell'interpretazione quando il sapere dell'analista agisce a prescindere dalle elaborazioni e dalle associazioni del paziente, ovvero dal suo testo singolare. In questo caso è l'implicazione emotiva dell'analista che scatena il carattere propriamente illattivo dell'interpretazione: il dire dell'analista prevarica il dire del paziente.

Il controtransfert agito

In un caso clinico di Annie Reich, commentato da Lacan nel *Seminario I*, si vede bene il nesso che unisce il carattere illattivo dell'interpretazione con l'abuso del controtransfert. In questo caso è evidente come le passioni dell'Io dell'analista prevalgano nettamente sul testo storico del paziente. Si tratta di un giovane intellettuale con una nevrosi ossessiva caratterizzata dalla presenza ingombrante di una relazione fortemente ambivalente con la madre. Durante l'analisi la madre muore e il paziente cade in uno stato depressivo. Nel mentre viene invitato in una nota trasmissione radiofonica per una conversazione su un tema culturale attinente alle sue ricerche, che interessava vivamente anche la propria analista. Nella seduta successiva alla trasmissione il soggetto si presenta abbattuto, sommerso da sensi di colpa, profondamente depresso. Ma l'interpretazione dell'analista non collega affatto questo stato soggettivo all'ambivalenza nei confronti della madre morta – aveva appena tenuto con successo una performance significativa alla radio che segnalava con evidenza il suo essere colpevolmente vivo di fronte alla morte della madre –, quanto piuttosto evidenzia l'irruzione controtransferale della passione dell'Ego dell'analista nell'analisi. Si tratta di un vero e proprio *controtransfert agito*, che genera un'interpretazione illattiva: "Lei è in questo stato perché pensa che io ce l'abbia molto con lei per il successo che l'altra volta ha avuto alla radio su questo argomento che, come sa, mi interessa moltissimo".[28]

In primo piano, come si vede chiaramente, non è qui il soggetto dell'interpretazione ma l'Ego dell'analista e le sue passioni. Parlare a un pubblico invisibile, parlare ai vivi e ai morti, parlare alla propria madre morta, come è accaduto durante la trasmissione radiofonica a questo paziente, significava per questo paziente mostrare di essere sopravvissuto alla perdita di sua madre. Colpa imperdonabile che ritornava sintomaticamente in seduta nell'affetto depressivo che lo annichiliva. L'interpretazione animata illattivamente dal controtransfert agito dell'analista, anziché toccare il testo storico-singolare del paziente, scade così sull'attualità dell'asse simmetrico da Ego a Ego. La passione per la propria superiorità da parte dell'analista secerne un odio invidioso verso il proprio paziente. Il controtransfert esonda immaginariamente provocando una chiusura della dialettica simbolica del transfert.

Lacan contesta radicalmente ogni abuso immaginario del controtransfert per difendere il valore insostituibile che la parola del soggetto assume nell'esperienza analitica. È necessario cogliere questa difesa come un'esigenza etica primaria della psicoanalisi. Dall'inizio alla fine del suo insegnamento essa non viene mai meno. Tuttavia, si può trovare nello stesso magistero di Lacan un accostamento al controtransfert più problematico di come abitualmente la scolastica lacaniana lo consideri.

Dal punto di vista storico, una prima rivalutazione del controtransfert come strumento e non come ostacolo all'analisi avviene con Paula Heimann nel 1950 in un testo intitolato *Sul controtransfert*. In questo testo, letto al congresso di Zurigo del 1949, l'autrice si impegna a non ridurre il controtransfert a una mera "fonte di guai", a una trappola per l'analista dovuta al venir meno della postura neutrale e asettica dell'analista.[29] Il suo intento è piuttosto quello di mostrare l'inevitabile implicazione della soggettività dell'analista nei confronti del transfert del paziente. È questo un punto sul quale lo stesso Lacan si mostrerà sensibile. In gioco è una presa di distanza dal giudizio rigidamente critico di Freud: il controtransfert non sarebbe tanto una perturbazione che colpirebbe la "superficie liscia" dello specchio opaco dell'analista disattivandone la funzione simbolica, ma una "*risposta emotiva*" dell'analista di fronte al carattere inevitabile di questa perturbazione. Nondimeno, queste perturbazioni, anziché ostacolare il lavoro dell'analisi, possono divenire delle risorse preziose per l'analista al fine di cogliere l'inconscio in atto del paziente. Per questo Heimann può affermare che in una cura analitica *"l'inconscio dell'analista comprende quello del paziente"*.[30] È propriamente quello che accade nella cosiddetta "nevrosi di transfert", dove una nuova nevrosi (detta, appunto, di transfert) sostituisce quella che ha sospinto originariamente il paziente dall'analista. In questa nuova nevrosi l'analista non è più il destinatario della domanda di aiuto, ma viene implicato nell'inconscio del paziente come un nuovo oggetto sul quale si articola sia la ripetizione sia la possibilità della sua ripresa storica. Heimann allarga però l'idea di questa implicazione dell'analista. Non solo, come accade in ogni nevrosi di transfert, l'analista fa parte dell'inconscio del paziente, ma è anche l'inconscio dell'analista a comprendere quello del paziente: quello che il dire del paziente tocca dell'inconscio dell'analista riguarda la parte rimossa dell'inconscio del paziente stesso. La tesi di Heimann è infatti che *"la risposta immediata emotiva dell'analista al paziente è un indizio molto significativo dei processi inconsci del paziente e favorisce una maggior comprensione"*.[31]

Nulla a che vedere, come si nota, con quello che abbiamo definito come l'abuso immaginario del controtransfert nei casi di Money-Kyrle e Annie Reich. Usare simbolicamente il controtransfert – come invita a fare Paula Heimann – non significa affatto attribuire al paziente quello che l'analista prova intimamente. Si tratta piuttosto di fare in modo che il testo storico del paziente si trovi illuminato in maniera inedita dalla risposta dell'analista sollecitata dal vissuto controtransferale. Si affaccia dunque qui la possibilità di una versione simbolica e non agita del controtransfert.

Per un uso simbolico del controtransfert

Possiamo definire "uso simbolico del controtransfert" un uso creativo del controtransfert, mentre definiamo "controtransfert agito" il prevalere abusivo del testo dell'analista su quello del paziente. Nell'uso simbolico del controtransfert l'esito è un'interpretazione che mobilita nel paziente l'emergenza di nuovi materiali – "interpretazione mutativa" secondo Strachey – evitando l'incagliamento immaginario del transfert. Nel caso del controtransfert agito, invece, si genera una confusione tra i registri dell'immaginario e del simbolico con un effetto di stagnazione della dialettica analitica. Mentre nel controtransfert agito l'inconscio del paziente viene prevaricato da quello dell'analista, nell'uso simbolico del controtransfert l'inconscio dell'analista "risponde" a quello del paziente. L'ascolto dell'analista allora si sdoppia: è ascolto del testo del paziente e ascolto di ciò che l'incontro con il paziente suscita in se stesso. I vissuti dell'analista, pur non essendo azzerati, non interferiscono nell'ascolto dei vissuti del paziente, ma diventano casomai un modo per decifrarli. È questa un'indicazione tecnica che troviamo in Lacan stesso quando afferma che "nessuno ha mai detto che l'analista non debba provare dei sentimenti di fronte al suo paziente". Piuttosto, come sottolinea opportunamente, l'analista "deve sapere, non solo non cedervi, ma anche metterli al loro posto per servirsene adeguatamente nella sua tecnica".[32]

Proviamo a fare due brevi esempi clinici dell'uso simbolico del controtransfert alternativo al controtransfert agito. Uno è tratto dalla clinica della nevrosi, l'altro da quella della psicosi. Il primo si trova nell'ultimo libro di Maurizio Balsamo intitolato *Ascoltare il presente*.[33] Il secondo in un libro di Agostino Racalbuto intitolato *Tra il fare e il dire*.[34] Nella prima sequenza, quella raccontata da Balsamo, in una seduta dal clima particolarmente positivo, dove la paziente riconosce gli effetti trasformativi della sua analisi, la risposta dell'analista allo squillo improvviso del telefono modifica sensibilmente il suo atteggiamento. La paziente reagisce stizzita manifestando una grande aggressività verso l'analista: "Se suona un'altra volta mi alzo e me ne vado," gli dice. Il clima positivo si capovolge bruscamente nel suo contrario. L'analista, a sua volta colpito emotivamente dall'imprevedibile virata della seduta – tra la "sorpresa" e il "sentimento di estraneità" –, interpreta la reazione della paziente come la ripetizione di quella vissuta di fronte all'abbandono traumatico del padre: "Andrà via come suo padre che andava via e si rifaceva una famiglia ogni volta che gli nasceva un altro figlio?".

Questa interpretazione sorge, come si vede, dal

controtransfert annodando la scossa emotiva provata dall'analista al senso storico:

> Lei è il padre che va via, la bambina angosciata che assiste a tutto ciò... io occupo il suo stesso posto di bambina, sono il padre che interrompe la fusione appena raggiunta... e infine sono colui che cerca, in un tentativo di interpretazione... di orientare il senso di questa rabbia cieca sul ritorno di un non pensato...[35]

Nella seconda scena clinica in primo piano c'è il vissuto caotico e profondamente aggressivo di un paziente psicotico che provoca nel suo analista un rimbalzo simmetrico di questi stessi vissuti. Il controtransfert verso questo paziente (Aldo) oscilla, infatti, dal terrore di essere distrutto con un profondo sentimento di impotenza che conduce l'analista a vivere il paziente come un vero e proprio "persecutore", sino alla spinta aggressiva a volersi liberare in ogni modo della sua presenza insopportabile. La presenza di Aldo in seduta – dichiara impotente l'analista – generava un "controtransfert disperato": "Basta, non ce la faccio più!", "Ma fa' quel che ti pare!", "Vai a quel paese!" e, infine: "Smetto di fare l'analista!", per finire con un vergognoso, "Mamma!".[36]

Il lavoro dell'analista su questi vissuti controtransferali, insieme omicidari e suicidari, consente un primo passaggio dall'irrappresentabilità alla rappresentazione, dal non pensato caotico della psicosi del paziente al pensato simbolico da parte dell'analista. L'analista lavora sulle sue perturbazioni controtransferali per consentire al paziente di fare altrettanto. È stato questo uso simbolico del controtransfert che ha consentito ad Aldo di bonificare gradualmente l'impatto con il proprio "inconscio terrificante" generato da una "madre gelida e intrusiva", gravemente psicotica, da un padre assente e da un'infanzia costellata di traumi. Anziché provare ad annullare l'intensità del proprio vissuto controtransferale, l'analista lo usa al fine di rappresentare come ha potuto sentirsi il paziente di fronte ai propri traumi originari, ovvero alle sue stesse fantasie omicidiarie e suicidarie.

L'analista come oggetto piccolo (a)

Un analista ben analizzato è forse privo di vita?, si chiede provocatoriamente Lacan nel corso del *Seminario VIII.* Un suo moto reale di amore o di odio squalificherebbe davvero la sua funzione simbolica?[37]

Con questa interrogazione egli intende capovolgere un luogo comune che è stato codificato dalla sua stessa Scuola, ovvero l'idea dell'analista come impassibile, pura funzione logica, integralmente desoggettivato; un'idea omologa, secondo una metafora divenuta molto nota, alla figura del morto nel gioco del bridge. Sorprendendo i suoi uditori, egli sente invece il bisogno di sostenere che "non vi è motivo di affermare che il riconoscimento dell'inconscio pone di per sé l'analista al di fuori della portata delle passioni", facendo così traballare le convinzioni scolastiche dei suoi allievi.[38] In questo modo Lacan vuole mostrare quanto conti nell'esperienza analitica la presenza reale dell'analista come irriducibile alla sua funzione simbolica. Come si vede, anche in questo caso il registro del reale si trova collocato al centro della scena. Il "desiderio dell'analista" non è infatti riducibile a una funzione logico-simbolica, impersonale, asettica, ma comporta l'implicazione decisiva della soggettività dell'analista.

Perché Lacan sostiene che senza il reale del "desiderio dell'analista" non vi sia alcuna possibilità di analisi? Di cosa si tratta? È un suo modo ulteriore di dire il reale come esperienza affermativa. Se l'analista si offre come specchio che rende possibile la proiezione immaginaria dei vissuti del paziente e se la sua azione simbolica si manifesta essenzialmente come un'azione di decifrazione di quei vissuti, esiste anche una presenza reale – irriducibile all'immaginario e al simbolico – che prende corpo nel desiderio dell'analista. Si tratta di un desiderio inedito che non è vincolato a nessun oggetto, di un desiderio non comune, di un "desiderio più forte".[39] Ma più forte di quali altri desideri? Lacan è preciso nel circoscriverli. Del desiderio di guarire (desiderio del medico), del desiderio di istruire (desiderio dell'insegnante), del desiderio di educare (desiderio dell'educatore). Ma, ancora più precisamente, il desiderio dell'analista è un desiderio "più forte" in quanto deve essere in grado di preservare la sua incognita di fronte al lavoro dell'analizzane. Per questo nella *Proposta del 9 ottobre 1967* lo colloca sul piano dell'enunciazione e non su quello degli enunciati.[40] È solo l'incognita del desiderio dell'analista

– l'enigma proprio della sua enunciazione – a tutelare l'*agalma* che genera il transfert simbolico.

Per Lacan il punto cruciale è che l'oggetto piccolo (a) – l'oggetto agalmatico in quanto "causa il desiderio" del soggetto – è, come abbiamo visto nel corso di questo libro, sempre situato, contenuto per così dire, nell'Altro. Nel caso dell'esperienza dell'analisi è un prodotto specifico del transfert. L'analista, infatti, non è solo un Soggetto supposto sapere, ma è anche colui che contiene l'agalma del desiderio del soggetto. L'analisi, allora, può essere definita come quell'avventura singolare di ricerca del proprio agalma situato nel campo dell'Altro, alla sola condizione che il desiderio dell'analista sia tale da consentire il movimento di questo transfert primario.[41]

Se allora proviamo a seguire Lacan, il transfert sorge inizialmente in ogni paziente dalla supposizione di sapere nel luogo dell'Altro. Questa supposizione si struttura grazie all'applicazione della regola fondamentale delle associazioni libere: tutto ciò che il paziente dice diviene degno di ascolto. Il Soggetto supposto sapere è, infatti, il destinatario primo del discorso del soggetto. Ma, come abbiamo accennato poc'anzi, Lacan distingue l'analista come Soggetto supposto sapere dall'analista come incarnazione dell'oggetto piccolo (a), distingue l'analista come interprete dall'analista come oggetto. Quando, per esempio, sostiene che ciò che rende incisiva un'interpretazione è più il "da dove" si interpreta che non il "che cosa" si interpreta – "Ciò che risponde è meno importante del posto da cui risponde"[42] – vuole mettere in luce proprio l'incidenza dell'oggetto nell'interpretazione. È questa la via più adeguata, a mio giudizio, per riaprire lo spazio per pensare con Lacan un uso simbolico possibile del controtransfert poiché l'analista ha la possibilità di cogliere il "da dove" interpreta anche grazie al proprio controtransfert. Ricordiamoci gli esempi luminosi tratti dalla pratica clinica di Balsamo e di Racalbuto. È qualcosa che accade in ogni cura: l'esperienza dell'impotenza, dell'ira, dell'insofferenza o della frustrazione possono essere frequenti vissuti controtransferali che rivelano la posizione di oggetto che l'analista occupa nell'inconscio dell'analizzante. Non a caso nel *Seminario VII* Lacan ricorda che ogni analista deve pagare con la propria persona per esercitare la sua funzione poiché nell'esperienza del transfert vi si trova sempre letteralmente "spossessato".[43]

L'analista come presenza reale

In ogni seduta, scrive Winnicott, "la cosa essenziale è la mia sopravvivenza".[44] La presenza reale dell'analista – la sua irriducibile alterità – non deve essere distrutta dai "meccanismi mentali proiettivi" (immaginari) del paziente. Questa presenza nella sua irriducibilità evidenzia lo scarto che distingue l'analista-oggetto dall'analista-Soggetto supposto sapere. Per questo Winnicott afferma che il compito dell'analista è sempre quello di mantenersi oggettivo, non nel senso della neutralità cosiddetta analitica, né, tantomeno, dell'oggettività dello spirito scientifico, ma in quello che, come abbiamo già visto nel capitolo precedente, Lacan definisce come un'*oggettalità* (distinta dall'oggettualità delle cosiddette relazioni d'oggetto e dall'oggettività della scienza positiva). È un punto di contatto significativo tra Lacan e Winnicott:

> Uno dei compiti principali dell'analista... è di mantenersi oggettivo verso tutto quello che il paziente porta: e il bisogno dell'analista di odiare il paziente oggettivamente è un caso particolare.[45]

Per ogni analista, preso nella sua presenza reale nelle vicissitudini del transfert e del controtransfert, si tratta infatti di incarnare fondamentalmente l'oggetto rifiutato dal soggetto, l'oggetto cattivo, il *kakon*, ciò che di se stesso il soggetto non vuole sapere nulla: il suo essere pulsionale, il suo godimento, il suo desiderio più inaudito. È incarnare questa oggettalità che definisce, secondo Lacan, la sua posizione nella cura. Nei termini di Winnicott è ciò che residua dell'analista dopo aver "subìto" la spinta alla sua distruzione e che si manifesta pienamente nel transfert negativo dei pazienti. È proprio questa inassimilabilità residuale dell'analista all'"amore spietato" (*ruthless love*) del suo paziente, il quale vorrebbe invece far coincidere la distruzione dell'oggetto con il suo possesso integrale, che rende possibile al paziente stesso l'incontro con l'alterità reale dell'Altro e, dunque, con il proprio desiderio. La sopravvivenza dell'oggetto coincide, infatti, con la sua esteriorità e questa esteriorità con l'alterità dell'oggetto piccolo (a), causa del desiderio.

Già per Freud, qui ripreso sia da Lacan sia da

Winnicott, pulsione distruttiva e sopravvivenza sono punti essenziali nella genesi dell'alterità.[46] Per questo "il nodo inaugurale del dramma analitico",[47] come scrive Lacan, è sempre il "transfert negativo". L'ombra dell'oggetto cattivo, del *kakon* più arcaico del soggetto, viene trasferita sull'analista. È infatti il transfert negativo a essere la radice ultima del transfert in quanto tale. L'essere dell'analista non può non suscitare la spinta alla sua negazione proprio in quanto incarnazione di un'alterità reale e, dunque, irriducibile che rivela il carattere ingovernabile del reale. Il rifiuto della propria mancanza a essere da parte del paziente si declina così come rifiuto dell'essere senza mancanza da parte dell'analista. Come perturbatore dell'omeostasi psichica del soggetto l'analista è, di fatto, un intruso che suscita rifiuto, ovvero l'intensificazione erotica o aggressiva del transfert.

Per Winnicott, al fine di disincagliare l'analisi dall'inerzia distruttiva del transfert negativo, è necessario che l'analista, come una "madre sufficientemente buona", riconosca controtransferalmente il proprio odio per colui che lo ama spietatamente. Per Lacan questo significa che l'analista deve sempre considerare come il suo desiderio sia operativo nella cura. È questa, se si vuole, la versione lacaniana del controtransfert. Possiamo riportare un esempio clinico proposto da Lacan stesso. Si tratta di un'*impasse* di una cura condotta da un'analista della British Psychoanalytical Society durata circa un decennio.[48] L'analisi di questo paziente con una diagnosi di borderline appare, dopo un periodo di dinamismo positivo, bloccata in un'inerzia assoluta. L'analista riconosce di essersi sentita da un certo punto in poi ella stessa prigioniera del suo paziente. La non elaborazione del controtransfert appare qui come una forma di ostacolo all'analisi e la causa prima per il suo affossamento in una ripetizione che esclude ogni possibile ripresa soggettiva. Il godimento mortifero della ripetizione ha sovrastato il desiderio dell'analista. Per questa ragione Lacan non esita a chiedersi: "Il problema è quello di sapere come è stato possibile che ella abbia sopportato per dieci anni una tensione per lei intollerabile, senza domandarsi quale godimento questo comportava".[49]

L'aver ignorato il proprio godimento è il segnale di un controtransfert inanalizzato da parte dell'analista che ha colluso immaginariamente con l'inerzia della cura. L'amore spietato del paziente ha così prevalso prolungando la sua perniciosa illusione di distruzione dell'Altro. Diversamente, nel lavoro dell'analisi questa illusione avrebbe dovuto lasciare il posto alla disillusione. Winnicott lo ricorda efficacemente in *Gioco e realtà*: "Salve oggetto! Io ti ho distrutto. Io ti amo. Tu hai valore per me perché sei sopravvissuto al mio distruggerti".[50] Per questo anche Lacan, lettore attento di Winnicott, rivaluta il fatto che la presenza reale dell'analista possa addirittura implicare sia l'odio sia l'amore per l'analizzante. Lo afferma esplicitamente nel *Seminario VIII*, sconcertando probabilmente, ancora una volta, i suoi uditori abituati a concepire la funzione dell'analista come quella di un soggetto cadaverizzato:

> Più l'analista sarà analizzato, più sarà possibile che rispetto al suo partner sia francamente innamorato o francamente in uno stato di avversione, di repulsione, secondo i modi più elementari del rapporto fra i corpi. Quel che vi dico è un po' tosto, ci turba...[51]

L'imperturbabilità dell'analista è, dunque, un mito della scolastica lacaniana che lo stesso Lacan avverte il bisogno di correggere. Non si tratta affatto di disattivare il desiderio soggettivo dell'analista, quanto di metterlo in piena funzione. La dissimmetria simbolica che il lavoro analitico è tenuto a preservare nella direzione della cura si può sostenere solo sull'attività del desiderio dell'analista e non sulla sua negazione apatica. Il reale che qui è in gioco è il reale di questo desiderio, il reale affermativo del desiderio dell'analista. È il contrario della cadaverizzazione asettica o della robotizzazione anonima della combinatoria significante di cui l'analista dovrebbe garantire, sempre secondo un cliché scolastico, il suo semplice dispiegamento. Lacan è risoluto nell'affermare che il controtransfert segnali necessariamente l'implicazione dell'analista nella situazione di transfert.[52]

Il reale del desiderio dell'analista è qualcosa, come ricorda lo stesso Lacan, che implica la gioia del santo e la possibilità del riso.[53] Dopo aver teorizzato l'analista come figura del morto nel gioco del bridge, egli ne recupera il desiderio come reale che sospinge l'analizzante verso il suo proprio desiderio, verso la separazione dai significanti della domanda dell'Altro. Ma questo recupero non cancella la necessità che l'analista mortifichi nella cura il proprio Io (*moi*) impedendogli di alterare lo sviluppo dell'analisi. Incarnare l'oggetto piccolo (a) significa, infatti, cancellare il proprio Io. In questo senso il transfert implica che l'analista contenga l'oggetto-agalma del soggetto.[54] In ciò possiamo vedere una versione pienamente affermativa e non negativa del reale. Il desiderio dell'analista sprona in direzione di una rigenerazione del desiderio del soggetto. Operazione che assimila l'analista a un'ostetrica di memoria socratica.[55] Ma qui non si tratta di estrarre solo un sapere in latenza – come accade nella maieutica di Socrate –, ma un desiderio inaudito, non subordinato alla domanda dell'Altro e non più disgiunto dal godimento. In questo senso il desiderio dell'analista non desidera nulla – tantomeno il bene del paziente – perché desidera solo che, come ha affermato una volta Lacan stesso, egli, ovvero l'analizzante, possa accedere alla contingenza illimitata dell'incontro, possa, cioè, finalmente amare.[56]

Note

Introduzione

[1] Il mio modesto contributo a questa "*renaissance*" italiana degli studi lacaniani si condensa in M. Recalcati, *Jacques Lacan. Desiderio, godimento e soggettivazione*, Raffaello Cortina, Milano 2012 e *Jacques Lacan. La clinica psicoanalitica: struttura e soggetto*, Raffaello Cortina, Milano 2016.

[2] Su questo strappo, vedi il capitolo 2 in questo libro.

1. Storicizzazione e trauma

[1] Cfr. J. Lacan, *Funzione e campo della parola e del linguaggio in psicoanalisi*, in *Scritti*, a cura di G.C. Contri, Einaudi, Torino 1974, vol. 1, pp. 235-316.

[2] Ivi, p. 256.

[3] Cfr. L. Althusser, *Lettere a D. (n. 2)*, in *Sulla psicoanalisi. Freud e Lacan*, Raffaello Cortina, Milano 1994.

[4] J. Lacan, *Funzione e campo*, cit., p. 254.

[5] Il riferimento filosofico-teologico alla Grazia non è raro in Lacan. Egli lo contrappone alla Natura seguendo il giansenismo di Pascal. Diversamente dalla programmazione biologica delle leggi della Natura, la Grazia conserva la possibilità dell'evento come interruzione traumatica delle leggi naturali, come evento che esorbita ogni programmazione compiuta. Cfr. J. Lacan, *Funzione e campo*, cit., p. 257 e nota 1.

[6] J. Lacan, *Il seminario. Libro I. Gli scritti tecnici di Freud (1953-1954)*, Einaudi, Torino 1978, p. 16.

[7] Cfr. F. Nietzsche, *Sull'utilità e il danno della storia per la vita.*

Considerazioni inattuali II, in *Opere*, vol. III, a cura di E. Colli e M. Montinari, Adelphi, Milano 1982.

[8] S. Freud, *Introduzione alla psicoanalisi*, in *Opere*, a cura di C.L. Musatti, Bollati Boringhieri, Torino 1980, vol. 8, pp. 311-312.

[9] S. Freud, *Costruzioni in analisi*, in *Opere*, cit., vol. 11, p. 544.

[10] Questa oscillazione tra il frammento della traccia e la tensione verso la ricostituzione della totalità perduta resta altamente problematica in tutta l'opera di Freud, sebbene la direzione del suo lavoro proceda nel mostrare come l'essenziale non sia mai il "tutto", ma la sua traccia sempre necessariamente parziale.

[11] J. Lacan, *Funzione e campo*, cit., p. 236.

[12] Ivi, p. 240.

[13] Ivi, p. 245.

[14] Cfr. S. Pontalis, *Après coup. La memoria retroattiva*, intervista con Sergio Benvenuto, in "Mondoperaio", 1989, p. 122.

[15] J. Lacan, *Funzione e campo*, cit., p. 253.

[16] Ivi, p. 250.

[17] Cfr. J. Lacan, *Prefazione all'edizione inglese degli "Scritti"*, in *Altri scritti*, Einaudi, Torino 2013, p. 563.

[18] J. Lacan, *Il seminario. Libro I*, cit., p. 17 (in corsivo nel testo). Si veda in questa luce l'idea dell'anamnesi come riscrittura della propria storia in G. Armogida, *Pensare l'anamnesi*, in "Frontiere della psicoanalisi", n. 2, il Mulino, Bologna 2020, pp. 421-430.

[19] J. Lacan, *Funzione e campo*, cit., p. 249.

[20] Ivi, p. 280.

[21] Cfr. F. Nietzsche, *Sull'utilità e il danno della storia per la vita*, cit., p. 286.

[22] J. Lacan, *Il seminario. Libro I*, cit., p. 17.

[23] Cfr. J. Lacan, *Funzione e campo*, cit., p. 249.

[24] *Ibidem*.

[25] Ivi, p. 253.

[26] Ivi, p. 254.

[27] Ivi, p. 259.

[28] Ivi, p. 255.

[29] Ivi, p. 312.

[30] *Ibidem*.

[31] J. Lacan, *Sovversione del soggetto e dialettica del desiderio nell'inconscio freudiano*, in *Scritti*, cit., vol. 2, p. 803.

[32] *Ibidem*.

[33] Siamo qui al cuore della critica sartriana alla filosofia della

storia di Hegel compiuta tramite Kierkegaard: cfr. J.-P. Sartre, *L'universale singolare*, in *L'universale singolare. Saggi filosofici e politici dopo la "Critique"*, a cura di F. Fergnani e P.A. Rovatti, il Saggiatore, Milano 1980, pp. 141-164. Tutti questi temi si trovano anche al centro di J.-P. Sartre, *L'intelligibilità della Storia. Critica della ragione dialettica*, vol. 2, Marinotti, Milano 2006.

[34] Su questo cfr. M. Balsamo, *Ascoltare il presente. Tempo e storia nella cura psicoanalitica*, Mimesis, Milano 2019.

[35] Cfr. J. Lacan, *Risposta al commento di Jean Hyppolite*, in *Scritti*, cit., vol. 1, p. 383.

[36] *Ibidem*.

[37] *Ibidem*.

[38] Ivi, p. 384.

[39] S. Freud, *Ricordare, ripetere e rielaborare*, in *Opere*, cit., vol. 7, p. 356.

[40] Ivi, p. 357.

[41] Cfr. J.-P. Sartre, *Questioni di metodo*, in *Critica della ragione dialettica*, il Saggiatore, Milano 1980, vol. 1, p. 55. Per uno studio sistematico della versione sartriana dell'infanzia mi permetto di rinviare a M. Recalcati, *Ritorno a Jean-Paul Sartre. Infanzia, esistenza e desiderio*, Einaudi, Torino 2020.

[42] S. Freud, *L'uomo Mosè e la religione monoteistica*, in *Opere*, cit., vol. 11, p. 418.

[43] Ivi, p. 419.

[44] Ivi, p. 420.

[45] Cfr. J. Lacan, *Funzione e campo*, cit., p. 249.

[46] *Ibidem*.

[47] Cfr. F. Giglio, *Trauma, ripetizione e cambiamento*, in "Frontiere della psicoanalisi", n. 1, il Mulino, Bologna 2020, pp. 41-51.

[48] Cfr. J. Lacan, *Il fenomeno lacaniano*, in "La psicoanalisi", n. 24, Astrolabio, Roma 1998, p. 21.

[49] *Ibidem*.

[50] Ivi, p. 19.

[51] Il linguaggio, nella sua necessità traumatica, è ciò che buca il reale, è *trou* (buco); la sua esistenza – l'esistenza del linguaggio – genera, secondo un neologismo coniato da Lacan, *troumatisme*. Cfr. J. Lacan, *Le séminaire. Livre XXI. Les non-dupes errent (1973-1974)*, lezione del 19 febbraio 1974 (inedito).

[52] J. Lacan, *Funzione e campo*, cit., p. 273.

[53] Ivi, p. 296.

[54] J. Lacan, *La psicoanalisi e il suo insegnamento*, in *Scritti*, cit., vol. 1, p. 443.

[55] Cfr. J. Lacan, *Il seminario. Libro XI. I quattro concetti fondamentali della psicoanalisi (1964)*, Einaudi, Torino 1979, pp. 240-243. L'idea di un "inconscio olofrastico", deposito di marchi traumatici, si trova teorizzata con originalità da C. Soler, *Lacan, l'inconscio reinventato*, Franco Angeli, Milano 2009. Vedi anche, su questa stessa linea, L. Izcovich, *I marchi di una psicoanalisi*, Eterea Edizioni, Savona 2022.

[56] Cfr. J.-P. Sartre, *Santo Genet. Commediante e martire*, il Saggiatore, Milano 2017.

[57] Cfr. J. Lacan, *Il seminario. Libro XI*, cit., p. 254.

[58] J.-P. Sartre, *Santo Genet*, cit., p. 46.

[59] Cfr. J. Lacan, *Sovversione del soggetto*, cit., p. 810.

[60] Cfr. S. Freud, *Al di là del principio di piacere*, in *Opere*, cit., vol. 9.

[61] J. Lacan, *Il seminario. Libro XVI. Da un Altro all'altro (1968-1969)*, Einaudi, Torino 2019, p. 347.

[62] L'opera pittorica di Claudio Parmiggiani offre un esempio straordinario di questa dialettica tra necessità e contingenza. Tale opera, fatta di fuoco e cenere, non coincide ovviamente con il trauma, ma è un evento che diviene possibile solo come la ripresa contingente della necessità della ripetizione che la prima contingenza traumatica (l'incendio della casa rossa) ha originato. Cfr. M. Recalcati, *Il trauma del fuoco. Vita e morte nell'opera di Claudio Parmiggiani*, Marsilio, Venezia 2023.

[63] La dimenticanza di questo peso specifico della prima traccia conduce la pratica della psicoanalisi verso un'ermeneutica narratologica che dissolve il senso della storia e dei suoi traumi inassimilabili, finanche l'importanza clinica dell'anamnesi in quanto tale.

[64] Nella lettura winnicottiana, il gioco del rocchetto, commentato da Freud in *Al di là del principio di piacere*, esprimerebbe l'essenziale dell'attività simbolica in grado di abitare lo spazio transizionale che si apre tra il soggetto e l'Altro, dove il gioco stesso diviene espressione della capacità del soggetto di padroneggiare la separazione dal suo Altro: cfr. D.W. Winnicott, *Gioco e realtà*, Armando, Roma 1970.

[65] Cfr. J. Lacan, *Il seminario. Libro XVI*, cit., p. 313.

[66] Ivi, p. 312.

[67] È questa la famosa conclusione di Freud nella nuova serie delle lezioni di *Introduzione alla psicoanalisi*, con la quale definisce il compito ultimo di un'analisi. In italiano è stata tradotta da Cesare Musatti

nei seguenti termini: "Dove era l'Es, deve subentrare l'Io". Lacan ritorna insistentemente su questa formula. Cfr. S. Freud, *Introduzione alla psicoanalisi (nuova serie di lezioni)*, in *Opere*, cit., vol. 11, p. 190.

2. Il reale di Lacan

[1] Cfr. J. Lacan, *Funzione e campo*, cit., p. 314.

[2] Cfr. J. Lacan, *Il seminario. Libro XI*, cit., p. 56.

[3] Cfr. J. Lacan, *Il seminario. Libro I*, cit., p. 255; *Le séminaire. Livre XXII. RSI (1974-1975)*, inedito; e *La terza*, in "La psiconalisi", n. 12, Astrolabio, Roma 1993.

[4] Cfr. J. Lacan, *Risposta al commento di Jean Hyppolite*, in *Scritti*, cit., vol. 1, p. 381.

[5] Cfr. J. Lacan, *Il seminario. Libro II. L'io nella teoria di Freud e nella tecnica della psicoanalisi (1954-1955)*, Einaudi, Torino 1991, pp. 196-197.

[6] Cfr. J. Lacan, *Il seminario. Libro XVII. Il rovescio della psicoanalisi (1969-1970)*, Einaudi, Torino 2001, p. 50.

[7] Cfr. J. Lacan, *Il seminario. Libro VII. L'etica della psicoanalisi (1959-1960)*, Einaudi, Torino 1994, pp. 109-207.

[8] "Qualcosa non può essere sublimato..." Esiste "il carattere irriducibile di questi residui di forme arcaiche della libido...": cfr. J. Lacan, *Il seminario. Libro VII*, cit., pp. 115 e 117.

[9] Cfr. S. Freud, *La perdita della realtà nella nevrosi e nella psicosi*, in *Opere*, cit., vol. 10.

[10] Cfr. J. Lacan, *Il seminario. Libro I*, cit., p. 130.

[11] Cfr. J. Lacan, *Le séminaire. Livre XXII*, cit.

[12] Cfr. J. Lacan, *Lo stadio dello specchio come formatore della funzione dell'io*, in *Scritti*, cit., vol. 1, p. 90.

[13] Cfr. J. Lacan, *Il seminario. Libro I*, cit., p. 99.

[14] Cfr. J. Lacan, *Lo stadio dello specchio*, cit., p. 91.

[15] Cfr. J. Lacan, *Varianti della cura tipo*, in *Scritti*, cit., vol. 1, p. 340.

[16] J. Lacan, *Il seminario. Libro II*, cit., pp. 199-200 e 210.

[17] Cfr. J. Lacan, *Televisione*, in *Altri scritti*, cit., p. 535. Nella traduzione italiana *grimace* (smorfia) viene reso con "boccaccia".

[18] J. Lacan, *Giovinezza di Gide o la lettera e il desiderio*, in *Scritti*, cit., vol. 2, p. 755.

[19] Cfr. J. Lacan, *Del soggetto finalmente in questione*, in *Scritti*, cit., vol. 1, p. 228.

[20] Cfr. J. Lacan, *Il seminario. Libro VII*, cit., p. 38.

[21] Ivi, p. 37.

[22] Su questo punto le speculazioni filosofiche di Deleuze e Guattari sul corpo schizofrenico come "corpo senza organi", liberato dal dispotismo del significante del Nome del padre, scadono purtroppo in una retorica della liberazione clinicamente inaccettabile. Cfr. G. Deleuze e F. Guattari, *L'anti-Edipo. Capitalismo e schizofrenia*, Einaudi, Torino 1975.

[23] Cfr. J. Lacan, *Varianti della cura tipo*, cit., p. 325.

[24] Cfr. J. Lacan, *Funzione e campo*, cit., p. 240.

[25] Cfr. J. Lacan, *Varianti della cura tipo*, cit., p. 331.

[26] J. Lacan, *Il seminario. Libro I*, cit., p. 327.

[27] J. Lacan, *Il trionfo della religione*, in *"Dei Nomi-del-Padre" seguito da "Il trionfo della religione"*, Einaudi, Torino 2006, p. 104.

[28] Cfr. J. Lacan, *Il seminario. Libro XX. Ancora (1972-1973)*, Einaudi, Torino 1983, p. 31.

[29] Cfr. J. Lacan, *L'oggetto della psicoanalisi*, in *Altri scritti*, cit., p. 219.

[30] Cfr. J. Lacan, *Il seminario. Libro XXIII. Il sinthomo (1975-1976)*, Astrolabio, Roma 2006, p. 17.

[31] Cfr. J. Lacan, *Posizione dell'inconscio*, in *Scritti*, cit., vol. 2, p. 835.

[32] Cfr. F. Basaglia, *Scritti*, Einaudi, Torino 1982.

[33] Cfr. J. Lacan, *Il seminario. Libro III. Le psicosi (1955-1956)*, Einaudi, Torino 1981, p. 234.

[34] Ivi, p. 172.

[35] Ivi, pp. 62-63.

[36] Cfr. S. Freud, *Ricordare, ripetere, rielaborare*, in *Opere*, cit., vol. 7.

[37] "Ciò che era stato abolito dentro di noi, a noi ritorna dal di fuori": cfr. S. Freud, *Osservazioni psicoanalitiche su un caso di paranoia (dementia paranoides) descritto autobiograficamente (Caso clinico del presidente Schreber)*, in *Opere*, cit., vol. 6, p. 396.

[38] Cfr. J. Lacan, *Il seminario. Libro I*, cit., pp. 126 e 130.

[39] Cfr. J. Lacan, *Funzione e campo*, cit., pp. 273-274.

[40] Cfr. J. Lacan, *Il seminario. Libro X. L'angoscia (1962-1963)*, Einaudi, Torino 2007, p. 129.

[41] Cfr. J. Lacan, *L'aggressività in psicoanalisi*, in *Scritti*, cit., vol. 1, p. 111.

[42] Cfr. J. Lacan, *Il seminario. Libro I*, cit., p. 177.

[43] Cfr. J. Lacan, *Questione preliminare ad ogni possibile trattamento delle psicosi*, in *Scritti*, cit., vol. 2, p. 564.

[44] Cfr. J. Lacan, *Il seminario. Libro VI. Il desiderio e la sua interpretazione (1958-1959)*, Einaudi, Torino 2016, pp. 329-330.

[45] Cfr. J. Lacan, *Il seminario. Libro XX*, cit., pp. 23-24.

[46] Cfr. J.-L. Nancy, *Corpus*, Cronopio, Napoli 2004.

[47] Cfr. J. Lacan, *Piccolo discorso all'ORTF*, in *Altri scritti*, cit., p. 224.

[48] Cfr. J. Lacan, *Il seminario. Libro IV. La relazione d'oggetto (1956-1957)*, Einaudi, Torino 1996, pp. 302-308.

[49] Cfr. J. Lacan, *Il seminario. Libro XX*, cit., p. 5.

[50] Tradotto in italiano con "estimità". Si tratta di un neologismo che tiene insieme la parola francese *exteriorité* (esteriorità) con quella di *intimité* (intimità). Essa appare come un *hapax* nell'insegnamento di Lacan nella lezione del 10 febbraio 1960. Cfr. J. Lacan, *Il seminario. Libro VII*, cit., p. 177.

[51] Ivi, p. 24.

[52] Ivi, p. 16.

[53] Cfr. Aristotele, *Etica Nicomachea*, in *Opere*, Laterza, Roma-Bari 1985, vol. 7, p. 39.

[54] Cfr. J. Lacan, *Il seminario. Libro VII*, cit., p. 379.

[55] Aristotele, *Etica Nicomachea*, cit., p. 173.

[56] J. Lacan, *Del Trieb di Freud*, in *Scritti*, cit., vol. 2, p. 855.

[57] Cfr. S. Freud, *Progetto per una psicologia scientifica*, in *Opere*, cit., vol. 2.

[58] Cfr. J. Lacan, *Il seminario. Libro VII*, cit., p. 65.

[59] Cfr. J. Lacan, *Il seminario. Libro VI*, cit., p. 371.

[60] Cfr. J. Lacan, *Il seminario. Libro XVII*, cit., p. 61.

[61] Il soggetto ridotto a "essere passivato" dal godimento dell'Altro nelle psicosi si trova in J. Lacan, *Presentazione delle Memorie di un malato di nervi*, in *Altri scritti*, cit., p. 215.

[62] Cfr. J. Lacan, *Appunti in tedesco in preparazione della conferenza sulla Cosa freudiana*, in "La psicoanalisi", n. 59, Astrolabio, Roma 2006, pp. 12-16. (Devo questa citazione alla mia collega Natascia Ranieri.)

[63] Cfr. M. Heidegger, *La cosa*, in *Saggi e discorsi*, Mursia, Milano 1976.

[64] Cfr. J. Lacan, *Il seminario. Libro VII*, cit., pp. 155 e 257.

[65] Ivi, pp. 150-151.

[66] Ivi, p. 150.

[67] Ivi, p. 256.

[68] Cfr. J. Lacan, *Kant con Sade*, in *Scritti*, cit., vol. 2, p. 791.

[69] Cfr. J. Lacan, *Il seminario. Libro XX*, cit., p. 107.

[70] J. Lacan, *Le séminaire. Livre XII. Problèmes cruciaux pour la psychanalyse (1964-1965)*, lezione del 5 maggio 1965, inedito. Ho dedicato al commento di questa formula un mio corso presso l'IPRA di Milano. Ora disponibile in M. Recalcati, *Convertire la pulsione? Sul processo di soggettivazione nell'esperienza dell'analisi*, Paginaotto, Trento 2020.

[71] Cfr. J.-P. Sartre, *L'essere e il nulla. Saggio di ontologia fenomenologica*, il Saggiatore, Milano 2022.

[72] Cfr. J. Lacan, *La direzione della cura e i principi del suo potere*, in *Scritti*, cit., vol. 2, p. 636.

[73] Cfr. G. Bataille, *"La parte maledetta" preceduto da "La nozione di 'dépense'"*, Bollati Boringhieri, Torino 2003.

[74] Cfr. J. Lacan, *Televisione*, in *Altri scritti*, cit., p. 521.

[75] Cfr. G. Deleuze e F. Guattari, *L'anti-Edipo*, cit.

[76] J. Lacan, *Sovversione del soggetto*, cit., p. 830.

[77] Cfr. J. Lacan, *Il seminario. Libro V. Le formazioni dell'inconscio (1957-1958)*, Einaudi, Torino 2004, p. 441.

[78] Cfr. E. Fachinelli, *La mente estatica*, Adelphi, Milano 1989.

[79] L'"oggetto mira" è infatti, nei termini del *Seminario X*, l'oggetto che la spinta immaginaria del desiderio perseguirebbe. Questo oggetto non ha alcun rapporto con il reale avendo piuttosto la natura di un'illusione, come anche la tradizione buddhista aveva, secondo lo stesso Lacan, bene inteso. Cfr. J. Lacan, *Il seminario. Libro X*, cit., pp. 241-242.

[80] La traduzione italiana rende il francese *objectalité* con "oggettualità". Per marcare l'irriducibilità della presenza dell'analista a qualunque genere di oggettualità positivistica, preferisco proporre di tradurre *objectalité* con il neologismo "oggettalità". Cfr. J. Lacan, *Il seminario. Libro X*, cit., pp. 232-233 (cfr. J. Lacan, *Le séminaire. Livre X. L'angoisse (1962-1963)*, Seuil, Paris 2004, pp. 248-249.)

[81] Sull'oggetto del desiderio come oggetto agalmatico cfr. J. Lacan, *Il seminario. Libro VIII. Il transfert (1960-1961)*, Einaudi, Torino 2008, pp. 150-164.

[82] J. Lacan, *Il seminario. Libro X*, cit., p. 78.

[83] Ivi, p. 232.

[84] Ivi, p. 256.

[85] Ivi, p. 320.

[86] Cfr. J. Lacan, *La direzione della cura*, cit., p. 611.

[87] Cfr. J. Lacan, *Il seminario. Libro X*, cit., p. 321.

[88] Cfr. J. Lacan, *Il seminario. Libro XVI*, cit., p. 350.

[89] Ivi, p. 214.

[90] *Ibidem.*

[91] Cfr. J. Lacan, *Il seminario. Libro XVII*, cit., p. 222.

[92] Cfr. J. Lacan, *Kant con Sade*, cit., p. 787.

[93] Cfr. J. Lacan, *Il seminario. Libro IV*, cit., p. 197.

[94] Cfr. J. Lacan, *Il seminario. Libro XVII*, cit., p. 55.

[95] Ivi, p. 153.

[96] Cfr. J. Lacan, *Radiofonia*, in *Altri scritti*, cit., p. 414.

[97] Cfr. J. Lacan, *Il seminario. Libro XX*, cit., p. 104.

[98] Cfr. J. Lacan, *Il seminario. Libro XVII*, cit., p. 57.

[99] Su questi temi e sulla loro pertinenza filosofica mi limito a segnalare l'originalità del lavoro di R. Ronchi, *Il canone minore. Verso una filosofia della natura*, Feltrinelli, Milano 2017.

[100] Cfr. J. Lacan, *Il seminario. Libro XIX. O peggio... (1971-1972)*, Einaudi, Torino 2020, p. 165.

[101] Ivi, p. 158.

[102] Su questi temi cfr. L. Izcovich, *I marchi di una psicoanalisi*, cit., in part. pp. 279-298.

[103] Cfr. J. Lacan, *La terza*, in "La psicoanalisi", cit., p. 20.

[104] Cfr. J. Lacan, *Funzione e campo*, cit., p. 274.

[105] Cfr. S. Freud, *Analisi terminabile e interminabile*, in *Opere*, cit., vol. 11, p. 509.

[106] Cfr. J. Lacan, *Prefazione all'edizione inglese del "Seminario XI"*, in *Altri scritti*, cit., p. 563.

[107] Cfr. J. Lacan, *Joyce il Sintomo*, in *Altri scritti*, cit., p. 559.

[108] Cfr. J. Lacan, *Il seminario. Libro X*, cit., p. 669.

3. Il reale del non rapporto e quello dell'incontro

[1] Cfr. S. Freud, *Contributi alla psicologia della vita amorosa*, in *Opere*, cit., vol. 6.

[2] Cfr. S. Freud, *Pulsioni e loro destini*, in *Opere*, cit., vol. 8.

[3] Cfr. J. Lacan, *Del Trieb di Freud*, cit.

[4] Cfr. J. Lacan, *Il seminario. Libro XX*, cit., p. 23.

[5] *Ibidem.*

[6] J. Lacan, *Il seminario. Libro XVIII. Di un discorso che non sarebbe del sembiante (1971)*, Einaudi, Torino 2010, p. 99.

[7] J. Lacan, *Il seminario. Libro XX*, cit., p. 8.

[8] Nonostante l'impianto del ragionamento di Lacan appaia storicamente vincolato a doppio filo a una prospettiva cosiddetta

"binaria-identitaria" della sessualità, ovvero a una concezione tradizionalmente eterosessuale del sessuale (la bipartizione maschile-femminile viene costantemente evocata), dobbiamo considerare che la sua riflessione sulle forme del godimento sessuale prescinda in realtà da ogni fondamento identitario. Il godimento fallico, per esempio, è un regime di godimento che possiamo reperire in un maschio come in una femmina, in una lesbica come in un omosessuale o in un soggetto transgender ecc. Il fatto che, come Lacan sottolinea, il godimento sessuale si imperni sul godimento del proprio sesso e che questo escluda la possibilità di scrittura del "rapporto" tra i Due non riguarda maschi o femmine, lesbiche o omosessuali ecc., ma la struttura fallica del godimento che, come tale, si può reperire in qualunque forma di genere sessuale.

[9] Cfr. J. Lacan, *Allocuzione sulle psicosi infantili*, in *Altri scritti*, cit., p. 361.

[10] Cfr. J. Lacan, *Il seminario. Libro XVIII*, cit., p. 138.

[11] Cfr. J. Lacan, *Il seminario. Libro XX*, cit., p. 45.

[12] Ivi, p. 47.

[13] Cfr. A. Badiou, *Che cosa deve significare "rapporto sessuale" per poter affermare che non ve ne sia?*, in "Frontiere della psicoanalisi", n. 1, il Mulino, Bologna 2022, pp. 123-132.

[14] Cfr. J. Lacan, *Questione preliminare*, cit., p. 545.

[15] Cfr. J. Lacan, *Il seminario. Libro XXIII*, cit., p. 16.

[16] Cfr. J. Lacan, *Posizione dell'inconscio*, cit., p. 853.

[17] *Ibidem*.

[18] Cfr. J. Lacan, *Sovversione del soggetto*, cit.

[19] Si veda lo schema della pulsione proposto da Lacan nel *Seminario XI*. Cfr. J. Lacan, *Il seminario. Libro XI*, cit., p. 173. Per un suo commento dettagliato mi permetto di rinviare a M. Recalcati, *Jacques Lacan. Desiderio, godimento e soggettivazione*, cit., pp. 319-323.

[20] "La pulsione, in quanto rappresenta la sessualità nell'inconscio, non è mai altro che pulsione parziale": cfr. J. Lacan, *Posizione dell'inconscio*, cit., p. 852.

[21] *Ibidem*.

[22] Cfr. J. Lacan, *Il fenomeno lacaniano*, cit.

[23] Cfr. J. Lacan, *Il seminario. Libro VIII*, cit., p. 104.

[24] Cfr. J. Lacan, *Il seminario. Libro XI*, cit., p. 186.

[25] Ivi, p. 264.

[26] Cfr. S. Freud, *Psicologia delle masse e analisi dell'Io*, in *Opere*, cit., vol. 11, p. 301.

[27] Cfr. J. Lacan, *Il seminario. Libro XI*, cit., p. 280.

[28] S. Freud, *Psicologia delle masse e analisi dell'Io*, in *Opere*, cit., vol. 11.

[29] Cfr. J. Lacan, *Il seminario. Libro XI*, cit., p. 277.

[30] Sulla lettura del mito biblico mi permetto di rinviare a M. Recalcati, *La Legge della parola. Radici bibliche della psicoanalisi*, Einaudi, Torino 2022.

[31] J. Lacan, *Il seminario. Libro XIX*, cit., p. 13.

[32] Cfr. J.-L. Nancy, *Essere singolare plurale*, Einaudi, Torino 1996.

[33] J.-L. Nancy, *Il "c'è" del rapporto sessuale*, SE, Milano 2002. Vedi anche J.-L. Nancy, *Sessistenza*, a cura di F. Recchia-Luciani, Il melangolo, Genova 2019.

[34] Cfr. J.-L. Nancy, *Che cos'è il collettivo?*, in Aa.Vv., *Intorno a Jean-Luc Nancy*, a cura di U. Perone, Rosenberg & Sellier, Torino 2012, p. 18.

[35] L'oggetto d'amore, il cui prototipo è il seno che deve essere assimilato, ovvero distrutto nella sua alterità, dunque divorato, proprio mentre è amato. Cfr. S. Freud, *Pulsioni e loro destini*, in *Opere*, cit., vol. 8. "Amore spietato" (*Ruthlesslove*) lo definirebbe Winnicott: cfr. D.W. Winnicott, *L'odio nel controtransfert*, in *Pediatria e psicoanalisi*, Martinelli, Firenze 1975, p. 236.

[36] Cfr. J. Lacan, *Lo Stordito*, in *Altri scritti*, cit., p. 464.

[37] Cfr. J. Lacan, *Il seminario. Libro XX*, cit., p. 145.

[38] Ivi, p. 77. Per una lettura sintetica di queste formule mi permetto di rinviare a M. Recalcati, *Jacques Lacan. Desiderio, godimento e soggettivazione*, cit., pp. 531-544.

[39] Cfr. J. Lacan, *Il seminario. Libro XX*, cit., pp. 64-76.

[40] Ivi, pp. 144-145.

[41] "Noterete che ho detto supplementare. Se avessi detto complementare, dove arriveremmo! Ricadremmo nel 'tutto'": cfr. J. Lacan, *Il seminario. Libro XX*, cit., p. 73.

[42] Cfr. J. Lacan, *Il seminario. Libro X*, cit., p. 193.

[43] Cfr. J. Lacan, *Il seminario. Libro XX*, cit., p. 145, e *Lo Stordito*, cit., p. 451.

[44] A. Badiou, *Elogio dell'amore*, Neri Pozza, Milano 2013, p. 130.

[45] A. Badiou, *La scena del Due*, in *Politiques, sexualités. Politiche, sessualità*, a cura di L. Boni e A. Cavazzini, in "La Rosa di Nessuno", n. 4, Mimesis, Milano 2009, p. 213.

[46] Ivi, p. 214.

[47] Cfr. J. Lacan, *Il seminario. Libro XX*, cit., p. 93.

[48] Cfr. J. Lacan, *Il seminario. Libro XI*, cit., pp. 23-29 e pp. 52-63.
[49] Cfr. J. Lacan, *Il seminario. Libro XX*, cit., p. 85.
[50] Ivi, p. 141.
[51] Cfr. J. Lacan, *Il seminario. Libro IV*, cit., pp. 69-70.
[52] Cfr. F. Nietzsche, *Così parlò Zarathustra*, in *Opere*, cit., vol. IV, p. 70.
[53] Cfr. J. Lacan, *Il seminario. Libro XXIII*, cit., p. 159.
[54] Cfr. J. Lacan, *Il seminario. Libro XX*, cit., p. 146.
[55] Ivi, p. 147.

4. La presenza reale dell'analista

[1] Cfr. J. Lacan, *Varianti della cura tipo*, cit., p. 318.
[2] Cfr. J. Lacan, *Il seminario. Libro VII*, cit., p. 366.
[3] Ivi, p. 379.
[4] *Ibidem*.
[5] Ivi, pp. 392-393.
[6] Ivi, p. 394.
[7] Ivi, p. 11.
[8] Ivi, p. 401.
[9] "Esperienze del genere, sebbene dolorose, sono necessarie e difficilmente ci si può sottrarre a esse. Solo dopo averle vissute si conoscono la vita e ciò con cui si ha a che fare. Quanto a me, non ci sono cascato del tutto, ma alcune volte mi sono trovato assai vicino e ho avuto *a narrow escape* [scritto da Freud in inglese: salvarsi per miracolo]... Ci si fa in tal modo la necessaria pelle dura, si domina il controtransfert in cui ci si viene a trovare ogni volta, e s'impara a spostare i propri affetti e a piazzarli in modo opportuno": cfr. S. Freud, *Epistolari. Lettere tra Freud e Jung (1906-1913)*, Bollati Boringhieri, Torino 1990, lettera del 7 giugno 1909, p. 248.
[10] S. Freud, *Le prospettive future della terapia psicoanalitica*, in *Opere*, cit., vol. 6.
[11] Ivi, pp. 200-201.
[12] Cfr. S. Freud, *Consigli al medico nel trattamento psicoanalitico*, in *Tecnica della psicoanalisi*, in *Opere*, cit., vol. 6, p. 536.
[13] L'immagine, in realtà, è stata suggerita da Stekel e ripresa da Freud in *Consigli al medico*, cit., p. 537.
[14] Cfr. J. Lacan, *Varianti della cura tipo*, cit., p. 343.
[15] J. Lacan, *Intervento sul transfert*, in *Scritti*, cit., vol. 1, p. 218.

[16] S. Freud, *Frammento di un'analisi di isteria (il caso clinico di Dora)*, in *Opere*, cit., vol. 4, p. 400.

[17] Cfr. J. Lacan, *Intervento sul transfert*, cit.

[18] Ivi, p. 218.

[19] Cfr. J. Lacan. *Il seminario. Libro VIII*, cit., p. 199.

[20] Cfr. J. Lacan, *L'aggressività in psicoanalisi*, cit., pp. 103 e 107.

[21] "Il centro di gravità del soggetto è la sintesi presente del passato, che si chiama storia. È su questo che noi confidiamo quando si tratta di far procedere il lavoro analitico": cfr. J. Lacan, *Il seminario. Libro I*, cit., p. 45.

[22] Cfr. J. Lacan, *Il seminario. Libro VIII*, cit., p. 211.

[23] Cfr. J. Lacan, *La direzione della cura*, cit., p. 591.

[24] Cfr. J. Lacan, *Varianti della cura tipo*, cit., p. 335.

[25] *Ibidem*.

[26] Cfr. J. Lacan, *Il seminario. Libro VIII*, cit., pp. 206-215.

[27] Ivi, pp. 6-20. Vedi su questo punto le lucide considerazioni sviluppate da P. Guyomard, *Lacan et le contre-transfert: le contre-coup du transfert*, in P. Guyomard *et al.*, *Lacan et le contre-transfert*, Puf, Paris 2011, pp. 42-44.

[28] Cfr. J. Lacan, *Il seminario. Libro I*, cit., p. 38.

[29] Cfr. P. Heimann, *Sul controtransfert*, in *Il controtransfert*, a cura di C. Albarella e M. Donadio, Liguori, Napoli 1986.

[30] Ivi, p. 83.

[31] Ivi, p. 85.

[32] J. Lacan, *Il seminario. Libro I*, cit., p. 40.

[33] Cfr. M. Balsamo, *Ascoltare il presente*, cit., pp. 121-123. Un altro notevole esempio dello stesso autore di uso simbolico del controtransfert si trova in M. Balsamo, *Il "contro" del contro-transfert*, in "Frontiere della psicoanalisi", n. 2, il Mulino, Bologna 2020.

[34] Cfr. A. Racalbuto, *Tra il fare e il dire. L'esperienza dell'inconscio e del non verbale in psicoanalisi*, Raffaello Cortina, Milano 1994.

[35] Cfr. M. Balsamo, *Ascoltare il presente*, cit.

[36] A. Racalbuto, *Tra il fare e il dire*, cit., p. 117.

[37] Cfr. J. Lacan, *Il seminario. Libro VIII*, cit., p. 203.

[38] Ivi, p. 202.

[39] Ivi, p. 203.

[40] Cfr. J. Lacan, *Proposta del 9 ottobre 1967 sullo psicoanalista della Scuola*, in *Altri scritti*, cit., p. 249.

[41] Cfr. J. Lacan, *Il seminario. Libro X*, cit., p. 370.

[42] J. Lacan, *Varianti della cura tipo*, cit., p. 341.

[43] Cfr. J. Lacan, *Il seminario. Libro VII*, cit., p. 365.
[44] D.W. Winnicott, *Gioco e realtà*, cit., p. 160.
[45] D.W. Winnicott, *L'odio nel controtransfert*, cit., p. 236.
[46] Cfr. S. Freud, *Pulsioni e loro destini*, in *Opere*, cit., vol. 8.
[47] Cfr. J. Lacan, *L'aggressività in psicoanalisi*, cit., p. 101.
[48] Cfr. P. King, *Time present and Time passed*, Selected Papers, Karnac, London-New York 2005.
[49] J. Lacan, *Le séminaire. Livre XII*, cit., lezione del 5 maggio 1965, inedito.
[50] Cfr. D.W. Winnicott, *Gioco e realtà*, cit., p. 157.
[51] J. Lacan, *Il seminario. Libro VIII*, cit., p. 203.
[52] Ivi, p. 216.
[53] Cfr. J. Lacan, *Televisione*, cit., p. 515.
[54] Cfr. J. Lacan, *Il seminario. Libro VIII*, cit., p. 212.
[55] Cfr. J. Lacan, *Il seminario. Libro VI*, cit., p. 535.
[56] Cfr. J. Lacan, *Il seminario. Libro VIII*, cit., p. 19.

Bibliografia

L. Althusser, *Lettere a D. (n. 2)*, in *Sulla psicoanalisi. Freud e Lacan*, Raffaello Cortina, Milano 1994.

Aristotele, *Etica Nicomachea*, in *Opere*, Laterza, Roma-Bari 1985, vol. 7.

G. Armogida, *Pensare l'anamnesi*, in "Frontiere della psicoanalisi", n. 2, il Mulino, Bologna 2020, pp. 421-430.

A. Badiou, *La scena del Due*, in *Politiques, sexualités. Politiche, sessualità*, a cura di L. Boni e A. Cavazzini, in "La Rosa di Nessuno", n. 4, Mimesis, Milano 2009.

A. Badiou, *Elogio dell'amore*, Neri Pozza, Milano 2013.

A. Badiou, *Che cosa deve significare "rapporto sessuale" per poter affermare che non ve ne sia?*, in "Frontiere della psicoanalisi", n. 1, il Mulino, Bologna 2022, pp. 123-132.

M. Balsamo, *Ascoltare il presente. Tempo e storia nella cura psicoanalitica*, Mimesis, Milano 2019.

M. Balsamo, *Il "contro" del contro-transfert*, in "Frontiere della psicoanalisi", n. 2, il Mulino, Bologna 2020.

F. Basaglia, *Scritti*, Einaudi, Torino 1982.

G. Bataille, *"La parte maledetta" preceduto da "La nozione di 'dépense'"*, Bollati Boringhieri, Torino 2003.

G. Deleuze e F. Guattari, *L'anti-Edipo. Capitalismo e schizofrenia*, Einaudi, Torino 1975.

E. Fachinelli, *La mente estatica*, Adelphi, Milano 1989.

S. Freud, *Progetto per una psicologia scientifica*, in *Opere*, a cura di C.L. Musatti, Bollati Boringhieri, Torino 1980, vol. 2.

S. Freud, *Frammento di un'analisi di isteria (il caso clinico di Dora)*, in *Opere*, cit., vol. 4.
S. Freud, *Consigli al medico nel trattamento psicoanalitico*, in *Tecnica della psicoanalisi*, in *Opere*, cit., vol. 6.
S. Freud, *Contributi alla psicologia della vita amorosa*, in *Opere*, cit., vol. 6.
S. Freud, *Le prospettive future della terapia psicoanalitica*, in *Opere*, cit., vol. 6.
S. Freud, *Osservazioni psicoanalitiche su un caso di paranoia (dementia paranoides) descritto autobiograficamente (Caso clinico del presidente Schreber)*, in *Opere*, cit., vol. 6.
S. Freud, *Ricordare, ripetere e rielaborare*, in *Opere*, cit., vol. 7.
S. Freud, *Introduzione alla psicoanalisi*, in *Opere*, cit., vol. 8.
S. Freud, *Pulsioni e loro destini*, in *Opere*, cit., vol. 8.
S. Freud, *Al di là del principio di piacere*, in *Opere*, cit., vol. 9.
S. Freud, *La perdita della realtà nella nevrosi e nella psicosi*, in *Opere*, cit., vol. 10.
S. Freud, *Analisi terminabile e interminabile*, in *Opere*, cit., vol. 11.
S. Freud, *Costruzioni in analisi*, in *Opere*, cit., vol. 11.
S. Freud, *Introduzione alla psicoanalisi (nuova serie di lezioni)*, in *Opere*, cit., vol. 11.
S. Freud, *L'uomo Mosè e la religione monoteistica*, in *Opere*, cit., vol. 11.
S. Freud, *Psicologia delle masse e analisi dell'Io*, in *Opere*, cit., vol. 11.
S. Freud, *Epistolari. Lettere tra Freud e Jung (1906-1913)*, Bollati Boringhieri, Torino 1990.
F. Giglio, *Trauma, ripetizione e cambiamento*, in "Frontiere della psicoanalisi", n. 1, il Mulino, Bologna 2020, pp. 41-51.
P. Guyomard, *Lacan et le contre-transfert: le contre-coup du transfert*, in P. Guyomard *et al.*, *Lacan et le contre-transfert*, Puf, Paris 2011, pp. 42-44.
M. Heidegger, *La cosa*, in *Saggi e discorsi*, Mursia, Milano 1976.

P. Heimann, *Sul controtransfert*, in *Il controtransfert*, a cura di C. Albarella e M. Donadio, Liguori, Napoli 1986.

P. King, *Time present and Time passed*, Selected Papers, Karnac, London-New York 2005.

L. Izcovich, *I marchi di una psicoanalisi*, Eterea Edizioni, Savona 2022.

J. Lacan, *Del soggetto finalmente in questione*, in *Scritti*, a cura di G.C. Contri, Einaudi, Torino 1974, vol. 1.

J. Lacan, *Funzione e campo della parola e del linguaggio in psicoanalisi* , in *Scritti*, cit., vol. 1.

J. Lacan, *Intervento sul transfert*, in *Scritti*, cit., vol. 1.

J. Lacan, *L'aggressività in psicoanalisi*, in *Scritti*, cit., vol. 1.

J. Lacan, *La psicoanalisi e il suo insegnamento*, in *Scritti*, cit., vol. 1.

J. Lacan, *Lo stadio dello specchio come formatore della funzione dell'io*, in *Scritti*, cit., vol. 1.

J. Lacan, *Risposta al commento di Jean Hyppolite*, in *Scritti*, cit., vol. 1.

J. Lacan, *Varianti della cura tipo*, in *Scritti*, cit., vol. 1.

J. Lacan, *Del Trieb di Freud*, in *Scritti*, cit., vol. 2.

J. Lacan, *Giovinezza di Gide o la lettera e il desiderio*, in *Scritti*, cit., vol. 2.

J. Lacan, *Kant con Sade*, in *Scritti*, cit., vol. 2.

J. Lacan, *La direzione della cura e i principi del suo potere*, in *Scritti*, cit., vol. 2.

J. Lacan, *Posizione dell'inconscio*, in *Scritti*, cit., vol. 2.

J. Lacan, *Questione preliminare ad ogni possibile trattamento delle psicosi*, in *Scritti*, cit., vol. 2.

J. Lacan, *Sovversione del soggetto e dialettica del desiderio nell'inconscio freudiano*, in *Scritti*, cit., vol. 2.

J. Lacan, *Prefazione all'edizione inglese degli "Scritti"*, in *Altri scritti*, Einaudi, Torino 2013.

J. Lacan, *Allocuzione sulle psicosi infantili*, in *Altri scritti*, cit.

J. Lacan, *Joyce il Sintomo*, in *Altri scritti*, cit.

J. Lacan, *L'oggetto della psicoanalisi*, in *Altri scritti*, cit.

J. Lacan, *Lo Stordito*, in *Altri scritti*, cit.

J. Lacan, *Piccolo discorso all'ORTF*, in *Altri scritti*, cit.

J. Lacan, *Presentazione delle Memorie di un malato di nervi*, in *Altri scritti*, cit.

J. Lacan, *Proposta del 9 ottobre 1967 sullo psicoanalista della Scuola*, in *Altri scritti*, cit.

J. Lacan, *Radiofonia*, in *Altri scritti*, cit.

J. Lacan, *Televisione*, in *Altri scritti*, cit.

J. Lacan, *Il seminario. Libro I. Gli scritti tecnici di Freud (1953-1954)*, Einaudi, Torino 1978.

J. Lacan, *Il seminario. Libro II. L'io nella teoria di Freud e nella tecnica della psicoanalisi (1954-1955)*, Einaudi, Torino 1991.

J. Lacan, *Il seminario. Libro III. Le psicosi (1955-1956)*, Einaudi, Torino 1981.

J. Lacan, *Il seminario. Libro IV. La relazione d'oggetto (1956-1957)*, Einaudi, Torino 1996.

J. Lacan, *Il seminario. Libro V. Le formazioni dell'inconscio (1957-1958)*, Einaudi, Torino 2004.

J. Lacan, *Il seminario. Libro VI. Il desiderio e la sua interpretazione (1958-1959)*, Einaudi, Torino 2016.

J. Lacan, *Il seminario. Libro VII. L'etica della psicoanalisi (1959-1960)*, Einaudi, Torino 1994.

J. Lacan, *Il seminario. Libro VIII. Il transfert (1960-1961)*, Einaudi, Torino 2008.

J. Lacan, *Il seminario. Libro X. L'angoscia (1962-1963)*, Einaudi, Torino 2007.

J. Lacan, *Il seminario. Libro XI. I quattro concetti fondamentali della psicoanalisi (1964)*, Einaudi, Torino 2003.

J. Lacan, *Il seminario. Libro XVI. Da un Altro all'altro (1968-1969)*, Einaudi, Torino 2019.

J. Lacan, *Il seminario. Libro XVII. Il rovescio della psicoanalisi (1969-1970)*, Einaudi, Torino 2001.

J. Lacan, *Il seminario. Libro XVIII. Di un discorso che non sarebbe del sembiante (1971)*, Einaudi, Torino 2010.

J. Lacan, *Il seminario. Libro XIX. O peggio... (1971-1972)*, Einaudi, Torino 2020.

J. Lacan, *Il seminario. Libro XX. Ancora (1972-1973)*, Einaudi, Torino 1983.

J. Lacan, *Il seminario. Libro XXIII. Il sinthomo (1975-1976)*, Astrolabio, Roma 2006.

J. Lacan, *Le séminaire. Livre XII. Problèmes cruciaux pour la psychanalyse (1964-1965)*, lezione del 5 maggio 1965, inedito.

J. Lacan, *Le séminaire. Livre XXI. Les non-dupes errent (1973-1974)*, lezione del 19 febbraio 1974, inedito.

J. Lacan, *Le séminaire. Livre XXII. RSI (1974-1975)*, inedito.

J. Lacan, *La terza*, in "La psicoanalisi", n. 12, Astrolabio, Roma 1993.

J. Lacan, *Il fenomeno lacaniano*, in "La psicoanalisi", n. 24, Astrolabio, Roma 1998.

J. Lacan, *Appunti in tedesco in preparazione della conferenza sulla Cosa freudiana*, in "La psicoanalisi", n. 59, Astrolabio, Roma 2006, pp. 12-16.

J. Lacan, *Il trionfo della religione*, in *"Dei Nomi-del-Padre" seguito da "Il trionfo della religione"*, Einaudi, Torino 2006.

J.-L. Nancy, *Essere singolare plurale*, Einaudi, Torino 1996.

J.-L. Nancy, *Il "c'è" del rapporto sessuale*, SE, Milano 2002.

J.-L. Nancy, *Corpus*, Cronopio, Napoli 2004.

J.-L. Nancy, *Che cos'è il collettivo?*, in Aa.Vv., *Intorno a Jean-Luc Nancy*, a cura di U. Perone, Rosenberg & Sellier, Torino 2012, pp. 15-21.

J.-L. Nancy, *Sessistenza*, a cura di F. Recchia-Luciani, Il melangolo, Genova 2019.

F. Nietzsche, *Sull'utilità e il danno della storia per la vita. Considerazioni inattuali II*, in *Opere*, vol. III, a cura di E. Colli e M. Montinari, Adelphi, Milano 1982.

F. Nietzsche, *Così parlò Zarathustra*, in *Opere*, cit., vol. VI.

S. Pontalis, *Après coup. La memoria retroattiva*, intervista con Sergio Benvenuto, in "Mondoperaio", dicembre 1989, pp. 121-124.

A. Racalbuto, *Tra il fare e il dire. L'esperienza dell'inconscio e del non verbale in psicoanalisi*, Raffaello Cortina, Milano 1994.

M. Recalcati, *Jacques Lacan. Desiderio, godimento e soggettivazione*, Raffaello Cortina, Milano 2012.

M. Recalcati, *Jacques Lacan. La clinica psicoanalitica: struttura e soggetto*, Raffaello Cortina, Milano 2016.
M. Recalcati, *Convertire la pulsione? Sul processo di soggettivazione nell'esperienza dell'analisi*, Paginaotto, Trento 2020.
M. Recalcati, *Ritorno a Jean-Paul Sartre. Infanzia, esistenza e desiderio*, Einaudi, Torino 2020.
M. Recalcati, *La Legge della parola. Radici bibliche della psicoanalisi*, Einaudi, Torino 2022.
M. Recalcati, *Il trauma del fuoco. Vita e morte nell'opera di Claudio Parmiggiani*, Marsilio, Venezia 2023.
R. Ronchi, *Il canone minore. Verso una filosofia della natura*, Feltrinelli, Milano 2017.
J.-P. Sartre, *Questioni di metodo*, in *Critica della ragione dialettica*, il Saggiatore, Milano 1980, vol. 1.
J.-P. Sartre, *L'universale singolare*, in *L'universale singolare. Saggi filosofici e politici dopo la "Critique"*, a cura di F. Fergnani e P.A. Rovatti, il Saggiatore, Milano 1980, pp. 141-164.
J.-P. Sartre, *L'intelligibilità della Storia. Critica della ragione dialettica*, vol. 2, Marinotti, Milano 2006.
J.-P. Sartre, *Santo Genet. Commediante e martire*, il Saggiatore, Milano 2017.
J.-P. Sartre, *L'essere e il nulla. Saggio di ontologia fenomenologica*, il Saggiatore, Milano 2022.
C. Soler, *Lacan, l'inconscio reinventato*, Franco Angeli, Milano 2009.
D.W. Winnicott, *Gioco e realtà*, Armando, Roma 1970.
D.W. Winnicott, *L'odio nel controtransfert*, in *Pediatria e psicoanalisi*, Martinelli, Firenze 1975.

Indice

Eredi
(in ordine di pubblicazione)

Gianluca Solla, *Walter Benjamin*
Pier Aldo Rovatti, *Michel Foucault*
Enrico Redaelli, *Judith Butler*
Francesca Recchia Luciani, *Jean-Luc Nancy*
Giovanni Bottiroli, *Marcel Proust*
Gioele Cima, *Georges Bataille*
Erica Ferrario, *Françoise Dolto*
Riccardo Mazzeo, *Zygmunt Bauman*
Federico Leoni, *Henri Bergson*
Roberto Mancini, *Gandhi*
Davide Assael, *Baruch Spinoza*
Laura Boella, *Hannah Arendt*
Vanni Codeluppi, *Jean Baudrillard*
Luigina Mortari, *María Zambrano*
Franco Fergnani, *Jean-Paul Sartre*
Federico Chicchi, *Karl Marx*
Maurizio Balsamo, *André Green*
Simone Regazzoni, *Jacques Derrida*
Silvia Lippi, *Sigmund Freud*
Riccardo Panattoni, *Giorgio Agamben*
Luca Bagetto, *San Paolo*
Claudio Paolucci, *Umberto Eco*
Susanna Mati, *Friedrich Nietzsche*
Silvano Petrosino, *Emmanuel Levinas*

Romano Madera, *Carl Gustav Jung*
Giorgio La Malfa, *John Maynard Keynes*
Rocco Ronchi, *Gilles Deleuze*
Diego Fusaro, *Antonio Gramsci*
Carlo Sini, *Enzo Paci*